VERGESSEN WAR GESTERN
WIR SPRECHEN DARÜBER!

Liebe Videofreunde,

In den weiten und tiefen der damaligen Videotheken regale befanden sich
etliche Filme die teilweise bis heute gänzlich
unentdeckt und unbekannt sind. Zur damaligen zeit entschied man sich entweder per Cover-Motiv für einen Film oder man fragte den Videothekar, andere
Besucher oder Freunde nach Film-Tipps.

Entweder man erwischte einen Hit oder Shit!

Wir haben uns zur Aufgabe gemacht, einige dieser Filme in dieser Heftreihe
an die Öffentlichkeit zu bringen und stellen Sie euch vor. Doch wir befassen
uns nicht ausschließlich mit ONLY VHS Filmen, viele besprochene und von
uns vorgestellte Filme sind bereits auf DVD / Blu-ray erschienen. Da heutzu-
tage kaum noch Wert auf ein ansprechendes Cover gelegt wird, kauft man oft
die Katze im Sack.

Wir wünschen Euch viel Spaß beim Lesen, Stöbern und nehmen Euch mit auf
eine Reise in die Vergangenheit.

Impressum:

Herausgeber: Stefan Böse

Autoren: Stefan Böse und Kristijan Skrobo
Lektorat: Adrian Monecke

Born To Win - In der Hölle des Dschungels (198

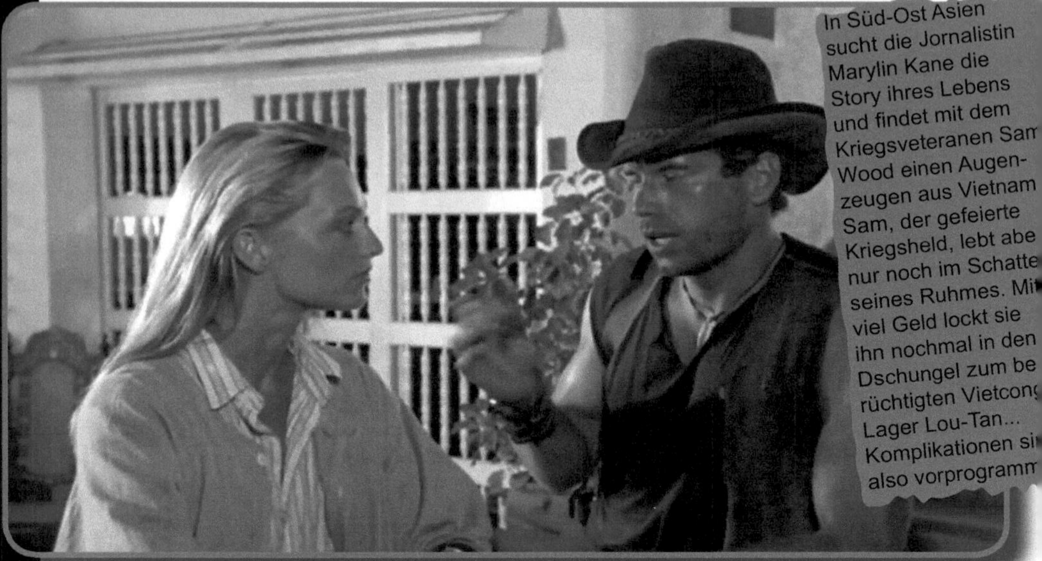
In Süd-Ost Asien sucht die Jornalistin Marylin Kane die Story ihres Lebens und findet mit dem Kriegsveteranen Sam Wood einen Augenzeugen aus Vietnam, der gefeierte Sam, der gefeierte Kriegsheld, lebt abe nur noch im Schatte seines Ruhmes. Mi viel Geld lockt sie ihn nochmal in den Dschungel zum be rüchtigten Vietcon Lager Lou-Tan... Komplikationen si also vorprogramm

„Born to Win - In der Hölle des Dschungels" aus dem Jahr 1989, ist ein Werk von Bruno Mattei. Der italienische Regisseur bescherte uns einige Videotheken-Kracher, die besonders in den damaligen Bahnhofskinos rauf und runter liefen. Bruno Mattei inszenierte Filme wie „Die Hölle der lebenden Toten" von 1980, „Laura - Eine Frau geht durch die Hölle" aus dem Jahr 1982 und „Roboman" von 1988 - ebenfalls ein Videotheken-Kracher. Mattei war dafür bekannt, mit einem geringen Budget das Beste aus dem Skript heraus zu kitzeln, starke männliche Helden oder auch weibliche starke Persönlichkeiten waren sein Markenzeichen und Metier.

Schaut man sich nach Dschungel-Actioner um, wird man fast förmlich von der Masse erschlagen. Es war ein sehr beliebtes und gefragtes Genre der 80er Jahre, bis in die 90er hinein. Sich da für einen Film zu entscheiden fiel schon schwer, hinzu kam das viele mehr schlecht als Recht waren und man oft Lebenszeit verschwendete. Doch mit „Born to Win" war es anders.
Ein gradliniger B-Actioner, der es ordentlich krachen lässt. Nicht nur, was die Action mit Waffen und Sprengstoff angeht, auch humorvolle Sätze gekonnt in Szene gesetzt, fanden ihren Platz im Skript und unterbreiten dem Zuschauer ein amüsantes, actiongeladenes Spektakel im Dschungel von Vietnam.

BORN TO WIN
IN DER HÖLLE DES DSCHUNGELS

Du hast 30 Sekunden es zu lernen - ein Satz der öfter seinen Einsatz im Skript fand!

Unser Held des Films, gespielt von Brent Huff, erinnert zu Anfang des Films stark an Crocodile Dundee: Dunkle Hose, Weste und ein Schlapphut auf dem Kopf. Obwohl die Optik einen harmlosen Aben-teurer vorgaukelt, bekommt man ihn im späteren Verlauf als Ein-zelkämpfer a´la Rambo serviert. Mit einem geheimen Waffenlager und unterirdischen Tunneln, die er seitens der Vietkong erweitert hat, nimmt er das Maschinengewehr in die Hand und ballert ordentlich durch die Gegend und rasiert nicht nur die Rasenkante im Dschungel. Er ist ein Kriegsvete-ran, der seine Kameraden damals befreien wollte, jedoch von seinen Vorgesetzen gebremst wurde. Nun bekommt er den Auftrag, den Mann zu befreien, der ihn damals im Dschungel im Stich gelassen hat. Durch Vortäuschung einer geplanten Reportage lotst Marylin Kane (gespielt von Mary Stavin) in den Dschungel, um ihren Vater zu befreien. In einer weiteren Rolle ist Schauspieler Werner Pochath zu sehen. Den österreichischen Schauspieler kennt man aus vie-len B-Movies, vorrangig im Action Genre, sowie auch aus „Plattfuss in Afrika" als Spiros.

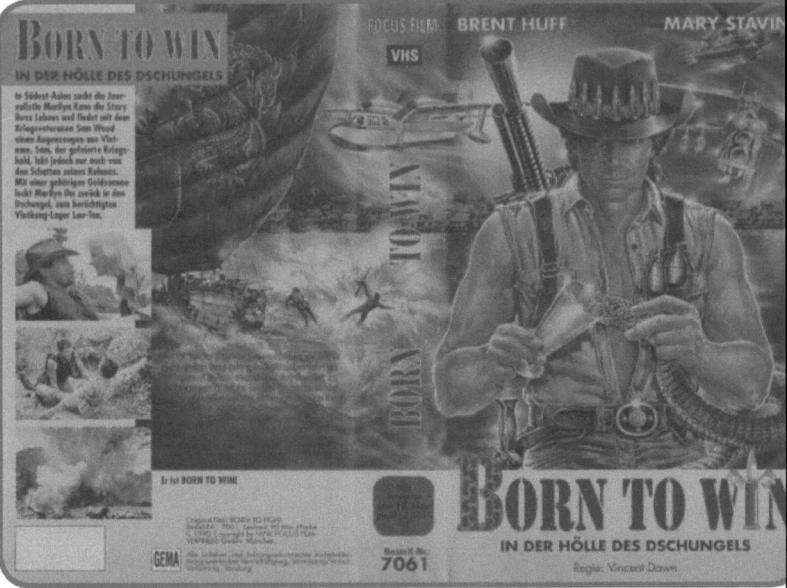

Nachdem sein Vorgesetzter und seine Kameraden befreit sind, nehmen sie gemeinsam den Kampf gegen die Vietkongs auf und beenden den Krieg, den sie vor Jahren begonnen hatten.

In „Born to Win" kracht und knallt es gewaltig. Hier werden in bester Action-Manier dutzende Soldaten umgemäht, förmlich vernichtet. Sprengstoff jagt Häuser und Autos in die Luft und die Soldaten fliegen in Zeitlupe durch die Dschungellandschaft. Untermalt werden solche Szenen noch mit eindringlichen Synthesizer-Sound, der zwar immer wieder im Laufe des Films

eingespielt wird, aber nie so richtig langweilig und nervend wirkt. Das ist Bahnhofskino Unterhaltung für Zuhause. Wer in der Masse von Dschungel-Streifen einen besonderen Tipp braucht, wird mit „Born to Win" seine Freude haben.

DIE NR. 1

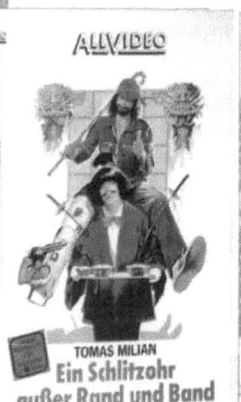

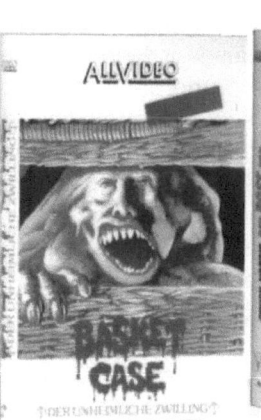

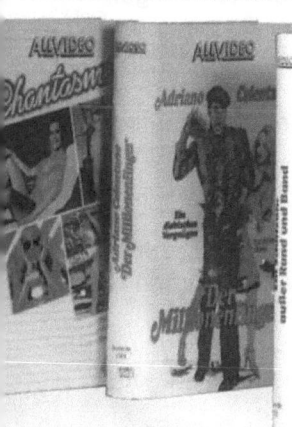

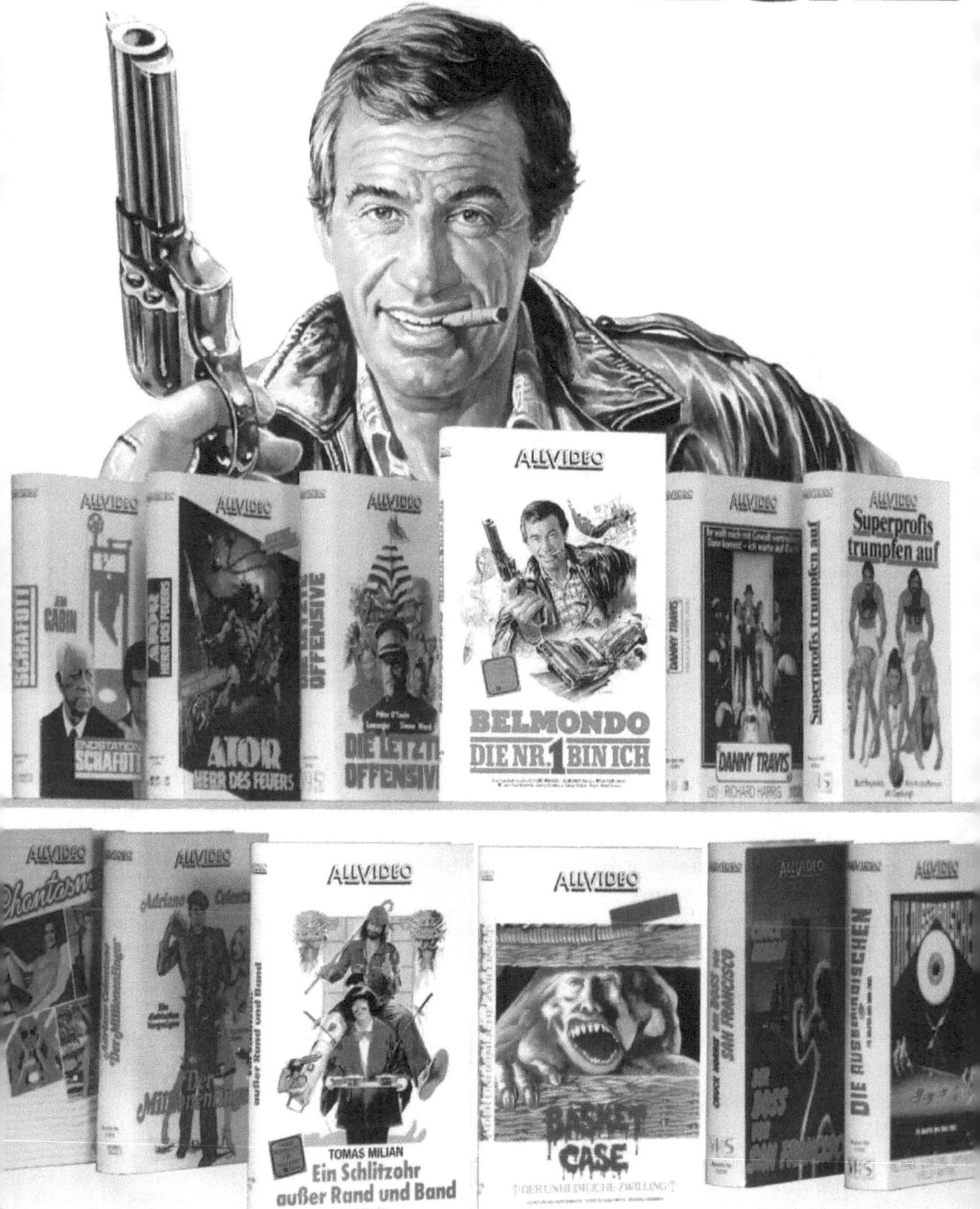
ALLVIDEO
BELMONDO
DIE NR. 1 BIN ICH
ENDSTATION SCHAFOTT
ATOR
HERR DES FEUERS
DIE LETZTE OFFENSIVE
DANNY TRAVIS
RICHARD HARRIS
Superprofis trumpfen auf
TOMAS MILIAN
Ein Schlitzohr außer Rand und Band
BASKET CASE
DER UNHEIMLICHE ZWILLING

Viel aufregender als Fernsehen.

ALLVIDEO

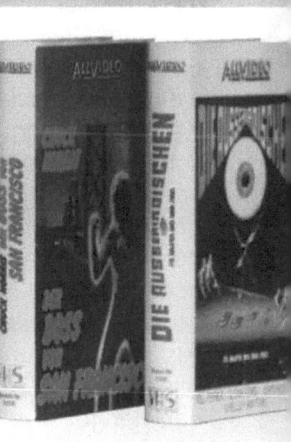

23 - Nichts ist so wie es scheint (1998)

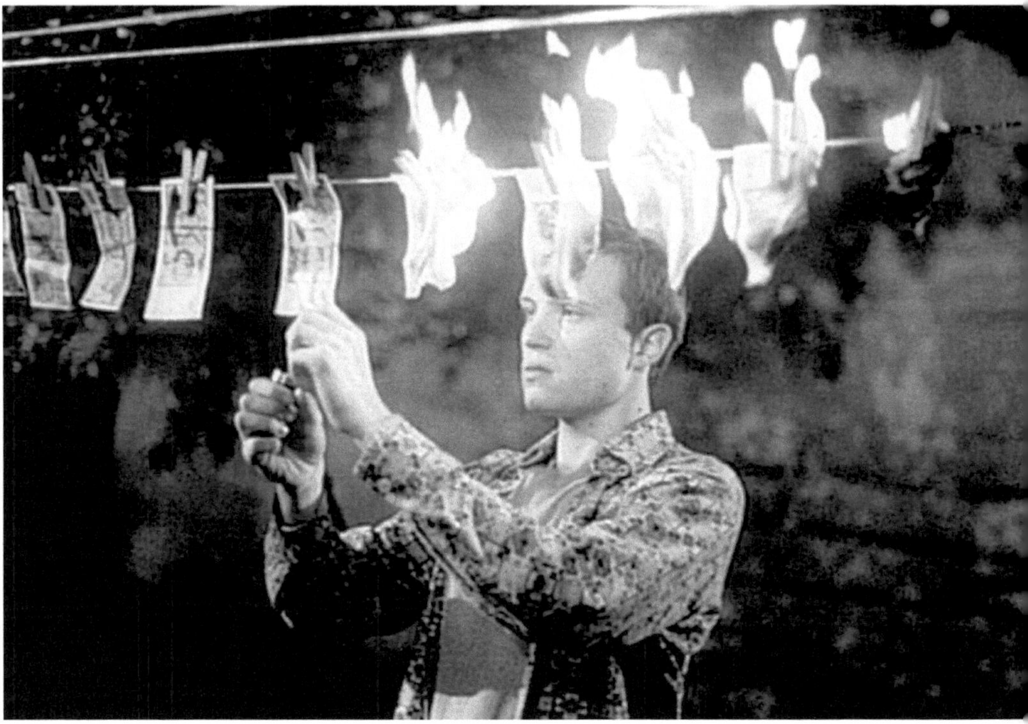

In einer Zeit zunehmender Verunsicherung sieht der 19jährige Karl Koch die Welt um sich herum in Unordnung. Fasziniert von der fiktiven Romanfigur Hagbard Celine macht sich der sensible Jugendliche auf die Suche nach den Hintergründen politischer Mechanismen und entdeckt Dinge, die ihn an eine weltweite Verschwörung glauben lassen.

Karls Begabung, sich in globale Datennetze einzulinken, und sein unerschütterlicher Glaube an die Gerechtigkeit treiben ihn in die Arme des KGB. Abhängig von Pillen und Koks leidet er zunehmend unter Wahnvorstellungen. Die Mächte des Bösen scheine schon weltweit vernetzt, während Karl und seine Freunde noch an der Langsamkeit ihrer Heimcomputer verzweifeln. Die Grenzen zwischen Tag und Nacht verschwimmen. Karl verliert auf seiner tragischen Odyssee die Kontrolle über sein Leben.

Als das Vertrauen zu David, seinem besten Freund, zerbricht, ist Karl auf sich allein gestellt. Je näher er dem Ziel seiner Suche zu kommen scheint, desto schwieriger wird die Rückkehr in ein normales Leben.

VON STEFAN BÖSE

„23 – Nichts ist so wie es scheint" ist ein schwieriges Thema, was schon eine hohe Risikobereitschaft voraussetzt, um es filmisch auf die Leinwand zu bringen. Es handelt sich hier um die Verfilmung des Lebens von Karl Koch. Produzent Jakobb Claussen nahm sich das Leben des Computer-Hackers der 80er vor und inszenierte einen Thriller, der ein zeitloses Thema aufgreift: Noch heute ist das Internet und die dazu gehörigen Freiheiten, sowie Sicherheiten ein brisantes Thema und Erheizen die Gemüter auf allen Seiten. Das deutsche Kino hatte es schon früher schwer bei den Zuschauer zu punkten. Die anspruchsvolle Thematik rund um das Leben eines Karl Koch tun ihr übriges, das deutsche Kino nicht von der besten (humorvollen Seite) zu zeigen, sondern mit einem brisanten Thema aufzuschlagen.

Die Themen Verschwörung und Paranoia waren den deutschen Filmeschaffenden schon immer in die Wiege gelegt worden und dienten für zahlreiche Werke als Vorlage. Zum einen sollte man den Film „Anatomie" hier erwähnen. Hier ging es um eine geheime Loge, die im Hintergrund das Geschehen der Welt regiert. Doch bei „23" sieht die Lage noch etwas anders aus: Der Film schwankt ständig zwischen einem Verschwörungs-Thriller und einer Charakterstudie. Zum letzteren Punkt sollte man die Darstellungskraft von August Diehl (Karl Koch) erwähnen. Er verhilft dem Charakter zu einem intensiven Spiel, das so mit Spannung geladen ist, das es dem Zuschauer oft schwer macht, zwischen Realität und Fiktion zu unterscheiden. August Diehl liefert eine beeindruckende Darstellung als junger Hacker zwischen jugendlicher Rebellion und steigender Paranoia.

Vergessen war gestern, wir sprechen darüber!

Besonders aus heutiger Sicht ist „23" aktueller denn je: Die Freiheit des Internets, wie es zu den Anfängen in den 80er noch war, werden schnell widerlegt und die Sicherheiten werden in Frage gestellt. „23" bietet eine starke, spannende Story. Auch die Schauspielerauswahl weiß zu gefallen und alle liefern sehr beeindruckende Leistungen ab.

Sie agieren, als wenn sie die Rollen, die ihnen zugeteilt wurden, förmlich leben! Hinzu kommt der Schnitt. Hier verstärken vor allem die eingeworfenen Zeitungsartikel und Fernseh-Ausschnitte das Geschehen, und verdeutlichen die Ernsthaftigkeit der Story. Abgerundet werden die gezeigten Bilder noch mit einem Ohrwurm-Verdächtigen Sound wie „Ton, Steine, Scherben".

Regisseur Hans-Christian Schmid und Kameramann Klaus Eichhammer zeigen in „23" eindrucksvoll Detail-Verliebtheit. Die 80er Jahre wurden aufwendig eingefangen - angefangen von den Kostümen, Frisuren und Ausstattungs-Gegenstände der Sets.

Auch ganze Straßenzüge wurden im Stil der 80er gehalten und vermitteln dem Zuschauer die Reise zurück in die Zeit, als das Internet noch in den Kinderschuhen steckte. Die Spanne zwischen den bürgerlichen Establishment und die Zweifler (Hacker), die die neue Technik dazu verwenden, um Informationen zu bekommen, die ihnen vorenthalten werden, verschwimmt aufwendig und fließend. Der Zuschauer steckt mitten im Geschehen und wird zum Teil der Geschichte.

Wer hier einen Thriller mit Action vermutet, der wird bitter enttäuscht sein! Dabei bietet „23" mehr, als nur simple Thriller-Kost. Eine Reise in die 80er – in die Zeit, als die BRD sich dem Fortschritt der Computer hingab. Auch die DDR wird hier zu Wort kommen. Zahlreiche Einblicke in die Welt hinter der Tastatur, die Grenzen zwischen Realität und Fiktion nah beieinander, gespickt mit Wahnvorstellungen, Angst, Paranoia und Exzesse im Drogensumpf, um den Druck stand zu halten. Denn beide Seiten stehen hinter einem!

Vergessen war gestern, wir sprechen darüber!

Der Film wird besonders von den Darstellern getragen und gestützt. Mithilfe der aufwendigen Sets und Kulissen wurde ein Zeitsprung zurück in die 80er geschaffen. Ruhig, aber spannend schreitet die Story voran und nimmt den Zuschauer mit auf eine Reise, die er zuvor nicht für möglich gehalten hatte. Ein Thriller aus Deutschland, der sich hinter Krimis der 60er und 70er Jahre nicht verstecken muss.

Turbine Medien zauberte dem Film „23" ein neues Kleid – die Bildqua-lität ist nahezu perfekt und erstrahlt im neuen Glanz. Auch was die Tonqualität angeht, hat Turbine sich nicht lumpen lassen. Zur Auswahl stehen HD-DTS MA 5.1 sowie HD-DTS MA 2.0, oder DD 5.1 & DD 2.0. Alles schön verpackt in einem schicken Mediabook mit einem sehr aufschlussreichen und informativen Booklet aus der Feder von Michael Scholten. Doch auch das Bonus-material kann sich sehen lassen. Interviews, Audiokommentar und Features mit einer Gesprächsrunde diverser Beteiligten.

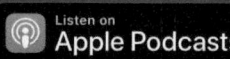

CHIANG JEN, ein gnadenloser Killer ist aus dem Gefängnis ausge-
brochen. Er will sich an den beiden Brüdern FAN KE und WEN LIEH
rächen, dafür das sie ihn ins Gefängnis gebracht haben. Um seinen
Plan in die Tat umzusetzten entführt er YU LAN, die Braut von WEN LI
und ihre Mutter. CHIANG JEN bekommt noch von einer anderen Seite
Hilfe um seinen Plan in die Tat umzusetzten, Tokios Unterweltboss will
die beiden Brüder auf seine Seite bringen damit diese für ihn arbeiten.
Als FAN und WEN ihm auf die Schliche kommen gibt es nur noch eine
Ausweg.. und der heisst nicht verhandeln !

Rein faktisch betrachtet ist „Zehn Gelbe Fäuste für die Rache" eine direkte
Fortsetzung zu „Fan Chu – Tödliche
Rache" - mit fast identischer Besetzung vor und hinter der Kamera. Auch
knüpft er nahtlos an die Story vom
ersten Teil an. Wer als Zuschauer den
Film nicht erkennt, bekommt noch
kurz einen Rückblick spendiert - mit
einem Erzählsprecher, der die wich-
tigsten Fakten kurz erläutert. Somit
ist der Film auch ohne Kenntnis des
vorangegangenen Streifens ein Kino-
Klopper für Zwischendurch – sozusa-
gen ein Kung Fu Snack. „The Angry
Guest" lautet der englische Titel des

70er Jahre HongKong Actioners aus
der Moderne, der aus den Shaw Studios stammt.

Vorwiegend steckten die Shaw
Brothers ihre Schauspieler in aufwen-
dige kaiserliche Kostüme und gaben
ihnen Schwert und Säbel, um sich
gegenseitig das Leben zur Hölle zu
machen. Der Unterschied in „Zehn
Gelbe Fäuste für die Rache": Hier
wurde der Schauplatz der Story nach
Tokio verlegt. Die Kämpfe sind rau-
her, gewaltiger und entsprechen eher
den wilden Strassenkämpfen und gut
choreographierten Luft-Akrobatik.

Viele sprechen dem Film eine simple Aneinanderreihung von Kämpfen mit einer sehr dünnen und oft wiederholenden Story vor, doch ist es doch genau das, was das Kino der 70er Jahre in HongKong Action ausmacht. Es ist nicht von der Hand zu weisen, das der Skriptschreiber Ni Kuang (Die Tödlichen Zwei) seine Schwierigkeiten hatte, die Story in unterhaltsame 90 Minuten zu verpacken. Dies spürt man vor allem daran, das man manche Gangster-Erläuterungen mehrfach zu Gehör bekommt und zudem noch viele Autofahrten, entweder bei Tag oder Nacht, durch Tokio zu sehen bekommt. Untermalt werden diese jedoch mit einem groovig klingenden Score – der sich jedoch auch leider immer wiederholt und irgendwann zu nervig und anstrengend ist. Großer Pluspunkt ist es, das Ni Kuang beim Verfassen des Skripts darauf achtete, das man hier ordentlich mit Gewalt und Blut belohnt wird. Verglichen mit dem vorangegangen Film gibt es zwar weniger Action-Sequenzen, doch dafür umso gewalttätiger und oft mit Harakiri angelegt.

Die damaligen Aushängeschilder des Studios, Ti Lung und David Chiang, übernahmen die Hauptrollen des Films als Geschwisterpaar, die zusammen erstmal die Unterwelt im Alleingang aufmischen, um den Gangsterboss, gespielt von Chang Cheh, den Garaus zu machen. In die Rolle des Gangsterbosses, der einen Hang zum Harakiri hegt, schlüpfte Regisseur Chang Cheh selbst. So ein Unterfangen unternahm er nicht oft, und hat schon einen Seltenheitswert in seiner Karriere. Ihm gelang es, die Rolle des schmierigen Oberbosses, der fast nonstop seine Zigarre pafft, mit Sonnenbrille auf der Nase gekonnt in Szene zu setzen. Zu Beginn des Streifens bekommt man den Eindruck, es handelt sich um einen Krimi, doch im späteren Verlauf der Story wandelt er sich gekonnt in einen Prügel-Streifen mit ordentlich Lebenssaft.

Dieser Film ist absolute Spitze

ZEHN GELBE FÄUSTE für die Rache

David Chiang
Ti Lung · Ching Li
Fang Jen-tsu Yasuki Kurata u.v.a. Regie: Chang Cheh
Ein Scopo-Farbfilm der Shaw Brothers Produktion, Hongkong
Constantin-Film

Zehn gelbe Fäuste für die Rache (1972)

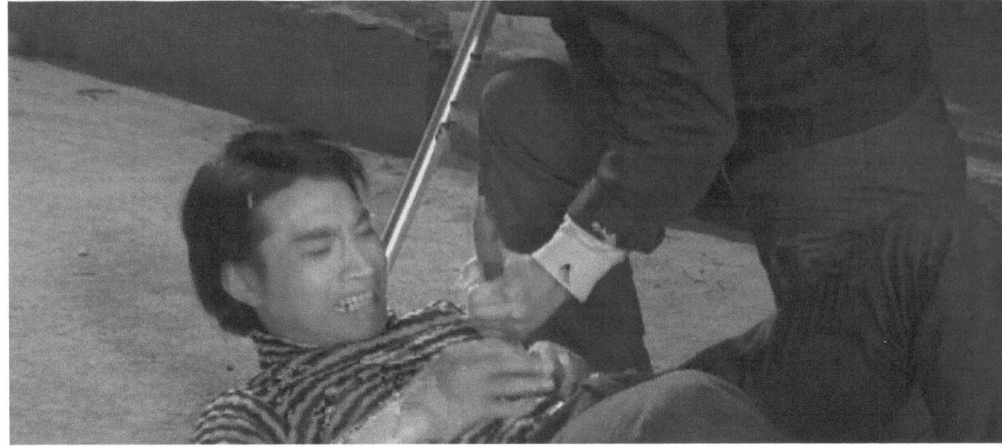

VON STEFAN BÖSE

Ein weiterer Höhepunkt ist in meinen Augen die deutsche Synchronisation: Eine Mischung aus Kneipen-Jargon und geschmacklosen Sprüchen, fügt sie sich perfekt in die rauhe Welt der Straßenkämpfe ein und sorgt so für manche Schmunzler beim Publikum.

„War hier ein Verkehrsunfall oder was ist?" - „Ach was, im Gebüsch raucht einer."

„Jetzt kommt der Onkel mit dem ganz langen... Gewand."

„Je mehr sich die Damen wehren, desto heißer wird's in der Hose."

Aus dem Hause SHAW STUDIOS kamen schon weitaus bessere MODERN TIMES HongKong Actioner, doch kann „Zehn Gelbe Fäuste für die Rache" durchaus mit der Choreographie von Ti Lung und David Chiang punkten. Die beiden harmonieren wie gewohnt zusammen und legen ein gutes Tempo vor. Die Action-Szenen sind recht blutig und gewaltvoll in Szene gesetzt. Vor allem das Finale auf einer Baustelle lässt so manche Fans aufschreien vor Freude. Mithilfe von Schaufeln, Brecheisen und sogar Bagger werden hier gegenseitig die Lichter ausgepustet. Wer beim Finale genauer hinschaut, wird hier unter anderem Bolo Yeung und Yuen Woo-ping wiedererkennen. Vor allem absolviert der spätere „Fist of Legend" Star Yasuaki Kurata den Fight gewohnt solvent und beeindruckend.

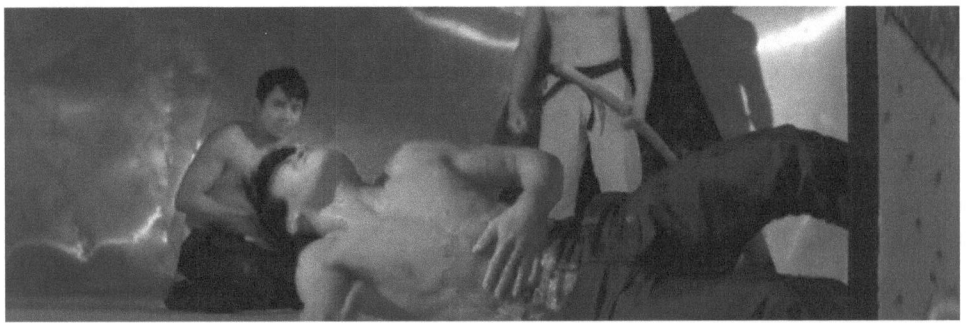

Bei „Zehn Gelbe Fäuste für die Rache" handelt es sich um einen kurzweiligen, aber dafür intensiven Prügel-Streifen der frühen 70er Jahre. Zwar mit einer recht dünnen und ausgedünnten Story, doch dafür mit neuen Innovationen und charismatischen Stars mit einem Genre-Erfahrenen Regisseur.

Seinerzeit wurde der Film indiziert und nicht erneut der FSK zwecks Überprüfung vorgelegt. Somit bekam er gekürzt eine Freigabe von FSK 16. Die Szene mit dem „Fuß-Feger" fehlt in allen Versionen, die bereits offiziell erschienen sind. Wer sich den Streifen mal anschauen möchte, kann beruhigt zur Version aus dem Hause KOCH FILMS greifen: Sie bietet ein klares Bild, einen sauberen Ton und ist oft schon recht günstig zu bekommen.

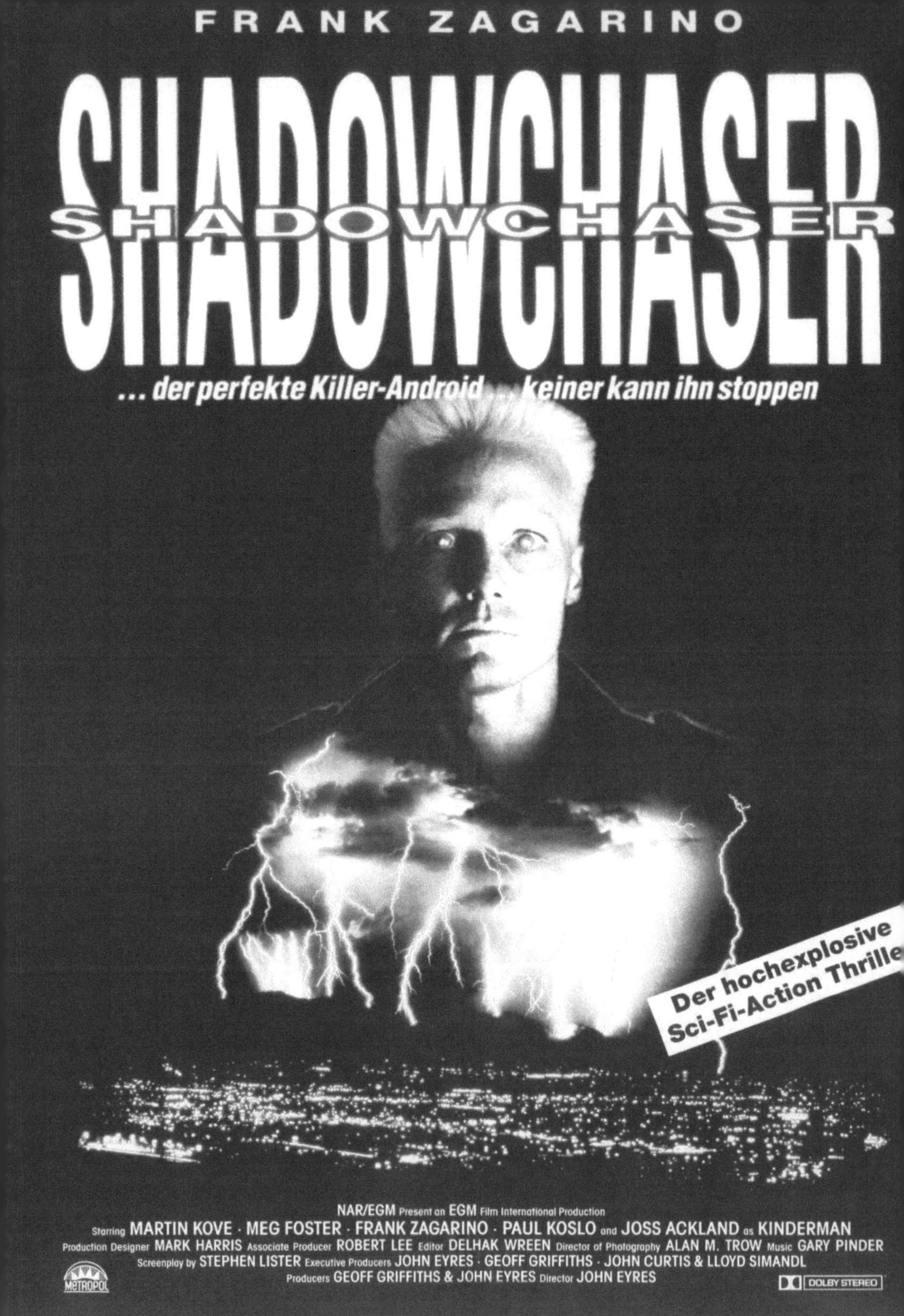
FRANK ZAGARINO
SHADOWCHASER
SHADOWCHASER
... der perfekte Killer-Android ... keiner kann ihn stoppen
Der hochexplosive Sci-Fi-Action Thrille
NAR/EGM Present an EGM Film International Production
Starring MARTIN KOVE · MEG FOSTER · FRANK ZAGARINO · PAUL KOSLO and JOSS ACKLAND as KINDERMAN
Production Designer MARK HARRIS Associate Producer ROBERT LEE Editor DELHAK WREEN Director of Photography ALAN M. TROW Music GARY PINDER
Screenplay by STEPHEN LISTER Executive Producers JOHN EYRES · GEOFF GRIFFITHS · JOHN CURTIS & LLOYD SIMANDL
Producers GEOFF GRIFFITHS & JOHN EYRES Director JOHN EYRES
METROPOL
DOLBY STEREO

Project: Shadowchaser (1992)

In der nahen Zukunft: Der Cyborg Romulus erwacht zum Leben und tötet mehrere Wissenschaftler des Projektes Shadowchaser. Er wird zum Anführer einiger Terroristen und besetzt ein hochmodernes Krankenhaus. Das Krankenhaus wird vermint und die Insassen als Geiseln genommen. Romulus ist hinter Sarah, der Tochter des Präsidenten der Vereinigten Staaten her. Auch sie wird als Geisel genommen und in ihrem Zimmer eingeschlossen. Um die intelligente Killermaschine zu stoppen, will Trevanian den Architekten des Krankenhauses aus dem Gefängnis aufwecken.

Im Jahr 1992 drehte Regisseur John Eyres den Action-SciFi Streifen „Shadowchaser". Er fungierte auch als Produzent des Films, der es immerhin auf drei weitere Filme schaffte, und somit eine vierteilige Reihe ist, wo er bis zum dritten Teil als Produzent und Regisseur zugleich tätig war.

„Shadowchaser" ist eine kruder Mix aus Action und dem SciFi Genre, und bedient sich allerlei Dinge aus vorangegangener Werke. Er zeigt auch einige Dinge, die erst nach 1992 in Filmen ihren Platz fanden. Offensichtlich ist erkennbar, das Regisseur Eyres sich an „Terminator" und „Stirb Langsam" orientierte. Doch gut geklaut ist schon die halbe Miete und ist immer noch besser, als schlecht neu erdacht. Somit ist es nicht verwunderlich, das viele Szenen von den großen Blockbustern mit ins Skript wanderten, um vor allem die Budgetkosten sehr gering zu halten.

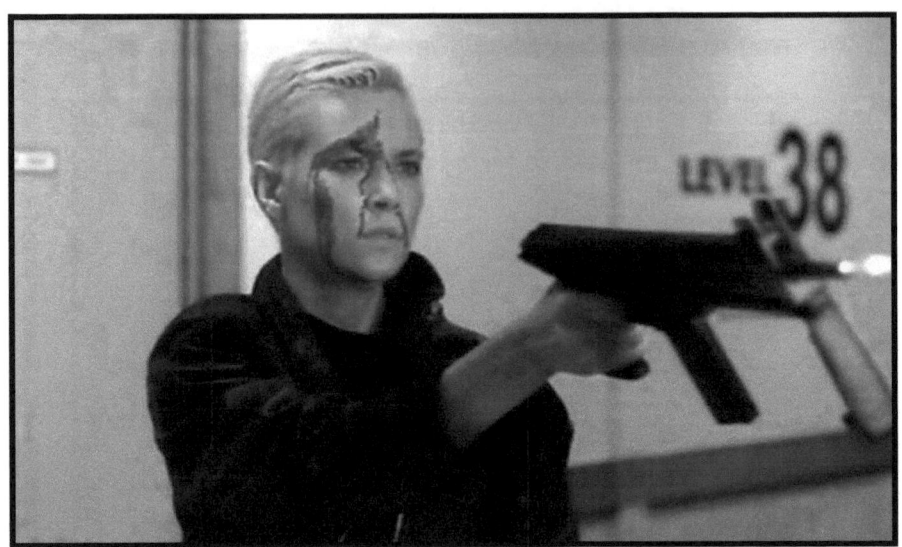

Das dem Team nur ein kleines Budget zur Verfügung stand, merkt man vor allem an den gedrehten Szenen, den Locations und dem Schnitt. Die Story ist nicht nur simpel kopiert und miteinander vermischt, sondern spielt sich hauptsächlich in Räumen ab. Kein Tages- und Sonnenlicht ist zu spüren, alles in dunklen Gängen, Fluren, Fahrstühlen und Kelleranlagen. Zudem sorgt der Schnitt, der oft den Zuschauer in die Verwirrung führt, für sein weiteres schlechtes Abschneiden beim Publikum.

Dennoch kann „Shadowchaser" beim Action-Fan punkten. Vor allem durch die Besetzung des Films. Allen voran Frank Zaggarino, der Mann mit dem weißem Haar, der uns schon in unzähligen B-Movies der 80er und 90er begleitete. In „Shadowchaser" schlüpfte er in die Rolle des Androiden Romulus. Natürlich wie gewohnt im gestählerten Körper aus der Mukki-Bude, mit glänzender Haut. Zaggarino spielte in allen vier Teilen der „Shadowchaser" Reihe die Hauptrolle. Zu seinen weiteren Auftritten in Filmen zählen Werke wie „Barbarian Queen" (1985), „The Avenger – Der Rächer" (1989) an der Seite von Oliver Reed, sowie die „Airboss" Film-Reihe, die es immerhin auf drei Teile schaffte. Er war und ist ein Star der B-Movies der vergangenen Jahrzehnte.

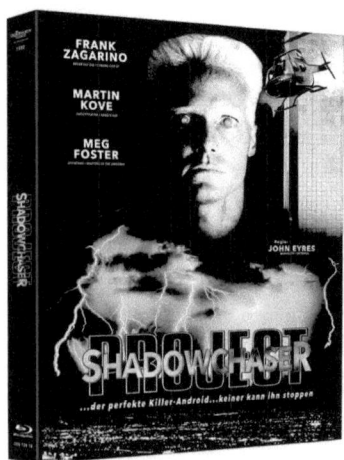

In weiteren Rollen im Film „Shadowchaser" sind noch Meg Foster und vor allem Martin Kove zu sehen. Kove ist ebenfalls ein begehrtes Gesicht der 80er und 90er Jahre im B-Movie Sektor gewesen. Zu seinen bekanntesten Filmen zählen zweifellos die „Karate Kid" Filme und die neue Serie „Cobra Kai". Er spielte in dutzenden Filmen in Nebenrollen, sowie Hauptrollen mit und begeisterte durch sein charismatisches Äußeres den Action-Fan.

Punkten kann der Streifen noch mit einer kleinen Portion Humor, die so manche Schmunzler dem Zuschauer ins Gesicht zaubert. Vor allem die Szene, als Martin Kove aus dem Kälteschlaf geweckt wird, und erst einmal nach einem Bier fragt, sorgt für Aufheiterung der Szenarien. Auch andere Action-Stars wie „Rambo" bekommen im Film ihr Fett weg und sorgen somit für Erheiterung beim Zuschauer.

Optisch betrachtet, wurde der Streifen sehr düster gehalten. Die Action-Szenen wurden allesamt sehr solide und ansprechend umgesetzt. Zwar darf man hier kein Action Feuerwerk erwarten, aber der Zuschauer wird hier mit guten Fights und ShootOuts belohnt. Eine eigene Story sollte man hier nicht erwarten - dafür ein kruder Mix aus verschiedenen anderen Filmen, die den Zuschauer hier entgegen springen. Die Idee, das Szenario in die Zukunft zu versetzen, ist zwar nett, aber von der Umsetzung wurde nur wenig bis gar nichts verwendet. Zumindest nicht soviel, das der Zuschauer es auf Anhieb erkennt, das es in einer nahen Zukunft spielen soll. Dies ist sehr schade und womöglich auf das geringe Budget zurück zu führen, hätte aber sicherlich dem Film gut gestanden.

„Shadowchaser" der hierzulande auch unter dem Titel „Project: Shadowchaser" vermarktet wurde, gab es bislang nur auf DVD. Leider auch in einer leicht zensierten Version. Nun ist schon mal Teil 1 der Film-Reihe vom Label „Digidreams" im schicken Mediabook erschienen. Zwar nicht in HD, weil es dafür kein Master gab, jedoch mit zwei Fassungen. Einmal die 4:3 Fassung, und in einer 16:9 Fassung, einer Abtastung der damaligen erschienenen LaserDisk aus dem Hause „Astro".

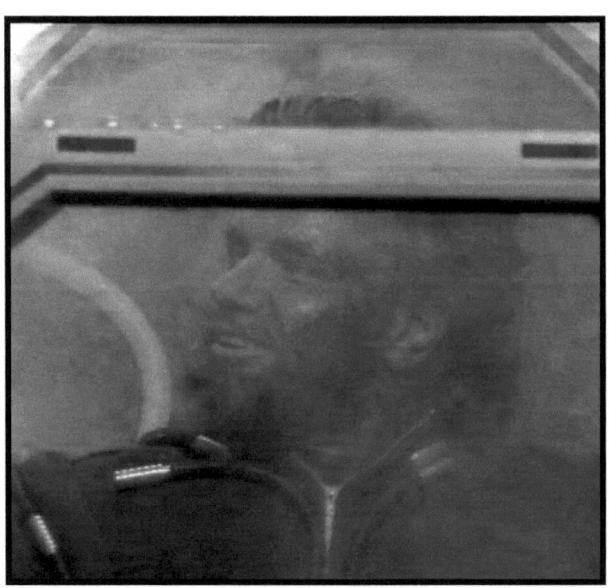

unter www.film-retro-shop.de
Handy/WhatsApp 015114993549
WIR KAUFEN EURE VHS AN !
email: hendrik@film-retro-shop.de

BE KIND REWIND

$1.00 CHARGE IF NOT REWOUND

Retro Samstag an je-
dem ersten Samstag im
Monat 14-18 Uhr
Lübbecker Str. 206a,
325854 Löhne

Winter 1988: Der Eiserne Vorhang steht kurz vor dem Zusammenfall. Zwei Veteranen sehen das aber ganz anders. Der US-Colonel Jack Knowles tritt seinen Dienst bei einer neuen Einheit an, denn als ausgedienten Vietnamveteran weiß man nicht wo man ihn noch einsetzen soll. Auf der anderen Seite kommandiert der Oberst Valachev ein Afghanistan-Veteran die Truppen des Ostens. Da die beiden sich immer wieder gegenseitig provozieren kommt es zum Kleinkrieg....

Ende der 80er Jahre war der Kalte Krieg kaum noch zu spüren....die Grenzen, Machenschaften und vor allem die Angst vor einem dritten Weltkrieg wurden erstickt und es kehrte allmählich wieder Ruhe ein in die Weltmächte der USA und der Sowjetunion. Dennoch war der Kalte Krieg nicht nur in den Nachrichten auf der ganzen Welt spürbar zu erkennen. Auch filmtechnisch wurde diese Thematik oft aufgegriffen und sorgte für spannende Unterhaltung beim Publikum. Im Jahr 1990 nahm sich Regisseur John Frankenheimer dieses heiklen Themas an und inszenierte den spannenden Thriller „Powerplay", der insgeheim eine Botschaft mit sich trägt.

Frankenheimer ist bekannt für seine Werke wie „Wenn er in die Hölle will, lass ihn gehen" aus dem Jahr 1982,

„Schwarzer Sonntag" von 1977 und „52 Pick-Up" von 1986 mit Roy Scheider in der Hauptrolle. Für „Powerplay" arbeitete Frankenheimer erneut mit Roy Scheider zusammen, der auch hier eine der Hauptrollen spielte. In einer weiteren Hauptrolle und als Gegenpart trat Jürgen Prochnow in Erscheinung. Der einstige U-Boot Kommandant, erneut in einer militärischen Rolle, jedoch auf der Seite der Russen. Beide Akteure verkörpern die Folgen eines (beinahe) Krieges und zeigen eindrucksvoll, was solche Vorfälle mit einem Menschen anstellten kann. Der Krieg hat sie zu denen gemacht, die sie nun sind. Sie haben schwerwiegende Probleme, sich in der heutigen, friedlichen Zeit zurecht zu finden und ecken mit anderen Mitmenschen und Vorgesetzten an allen Ecken und Kanten an.

Powerplay (1990)

VON STEFAN BÖSE

Roy Scheider schlüpfte in die Rolle von Knowles, ein Soldat, der sich sogar mit seinen Vorgesetzten alles verspielt und durch die Army hindurch gereicht wird, immer wieder in neue Positionen, um seine autoritären Probleme auszumerzen. Selbst die Familie von Knowles hat sich ihm abgewandt und lebt tausende Meilen von ihm entfernt. Deprimierende Szene ist ein Telefongespräch mit seinem Sohn und die Erkenntnis, das er seinen eigenen Geburtstag vergessen hat. Roy Scheider spielt den zerbrochenen Vietnamhelden recht eindrucksvoll. Ein ausrangierter Held. Er spielt den Dickkopf und Eigenbrödler sehr intensiv.

Sein Gegenspieler, ein angesehener Offizier namens Valachev (verkörpert von Jürgen Prochnow), genießt bei seinen Kameraden und Vorgesetzten einen gewisse Anerkennung. Doch er sucht immer nach Streitigkeiten. Hinzu kommt eine Kaltblütigkeit, die über Leichen geht, sei es bei Fluchtversuchen aus dem Land, oder auch mit anderen Persönlichkeiten seines Umfeldes. Prochnow verkörpert den eiskalten, fiesen russischen Feind allein schon durch seinen undurchdringlichen Blick. Leider fehlt hier der Akzent, dieser hätte sicherlich der Rolle noch mehr Authentizität verliehen.

Das Aufeinandertreffen beider Offiziere mitten in der Pampa, die eins gemeinsam haben - sie sind Sturköpfe - ist bildlich gesprochen, eindrucksvoll von Frankenheimer in Szene gesetzt worden. Das Erschießen des Flüchtigen ist nicht allein Schuld daran, das sich ein Kleinkrieg entwickelt: durch einen harmlosen Wurf eines Schneeballs von beiden

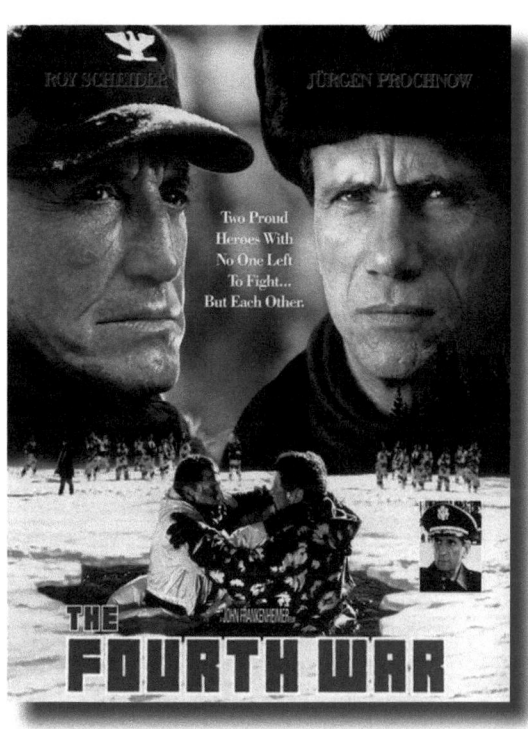

Seiten spitzt sich die Lage deutlich zu. Dieses Szenario macht es dem Zuschauer schwer, sich für eine Seite zu entscheiden. Man wartet gespannt darauf, wie beide Charaktere sich gegenseitig das Leben zur Hölle machen. Sei es durch das über die Grenze schleichen, oder auch die Zerstörung eines Jeeps seines Kontrahenten.

John Frankenheimer drehte „Powerplay" in den verschneiten Wäldern von Kanada. Sie bieten eine ideale Kulisse für einen Kleinkrieg, der zu einem erbitterten Zweikampf wird und ungeahnte Folgen entfachen wird. Regisseur Frankenheimer gelang eine gute Balance zwischen Humor und bitterem Ernst, denn das Duell zweier Kriegsveteranen, die alles um sich herum vergessen, nur um ihre Machtposition dem Gegenüber auszuspielen, ist zwar sinnlos, bietet aber durchaus interessante Schauwerte und Ansichten zweier Kulturen. Das Testosteron Duell zweier Männer wurde packend in Szene gesetzt, vor allem der erbitterte Zweikampf auf einem zugefrorenen See versprüht Spannung und Dramatik zugleich. Ein Kampf zweier Männer mit ihren Fäusten tritt stellvertretend für zwei Nationen ein. Beide wollen nicht aufgeben und den anderen einen Sieg schenken, erst nach Erschöpfung und Ermüdung eines langen Zweikampfes merken beide, das es aussichtslos ist und beide sich ebenbürtig sind.

„Powerplay" ist definitiv eine Sichtung wert. Mit einer gradlinigen Story, die zwar mit ein paar üblich verwendeten Klischees behaftet ist, punktet aber mit einem ungewohnten Szenario. Zudem zeigen beide Hauptdarsteller ihre Leistung und verleihen ihren Rollen den nötigen Realismus. Erst im späteren Verlauf des Films kommt die Story richtig ins Rollen. Zuvor muss sich der Zuschauer leider durch ein paar Längen kämpfen, wird aber für das Durchhalten belohnt.

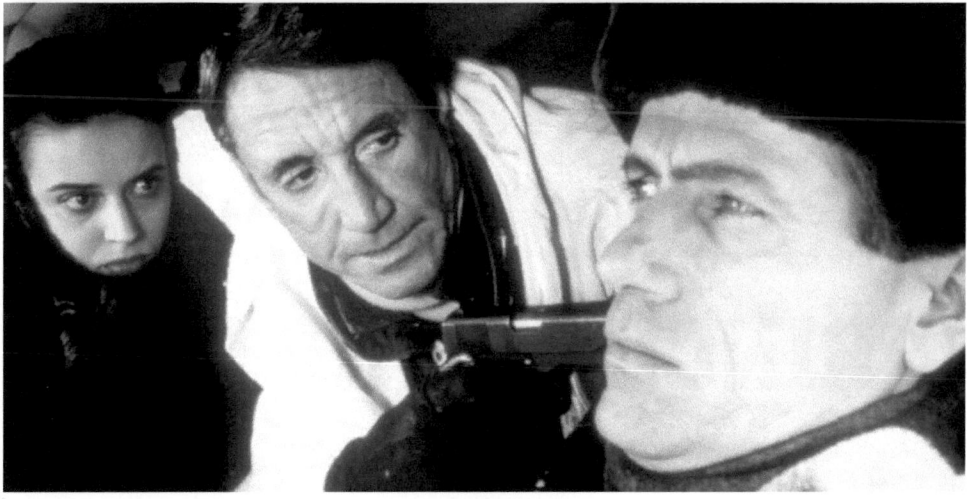

VHS
NEVER FORGET

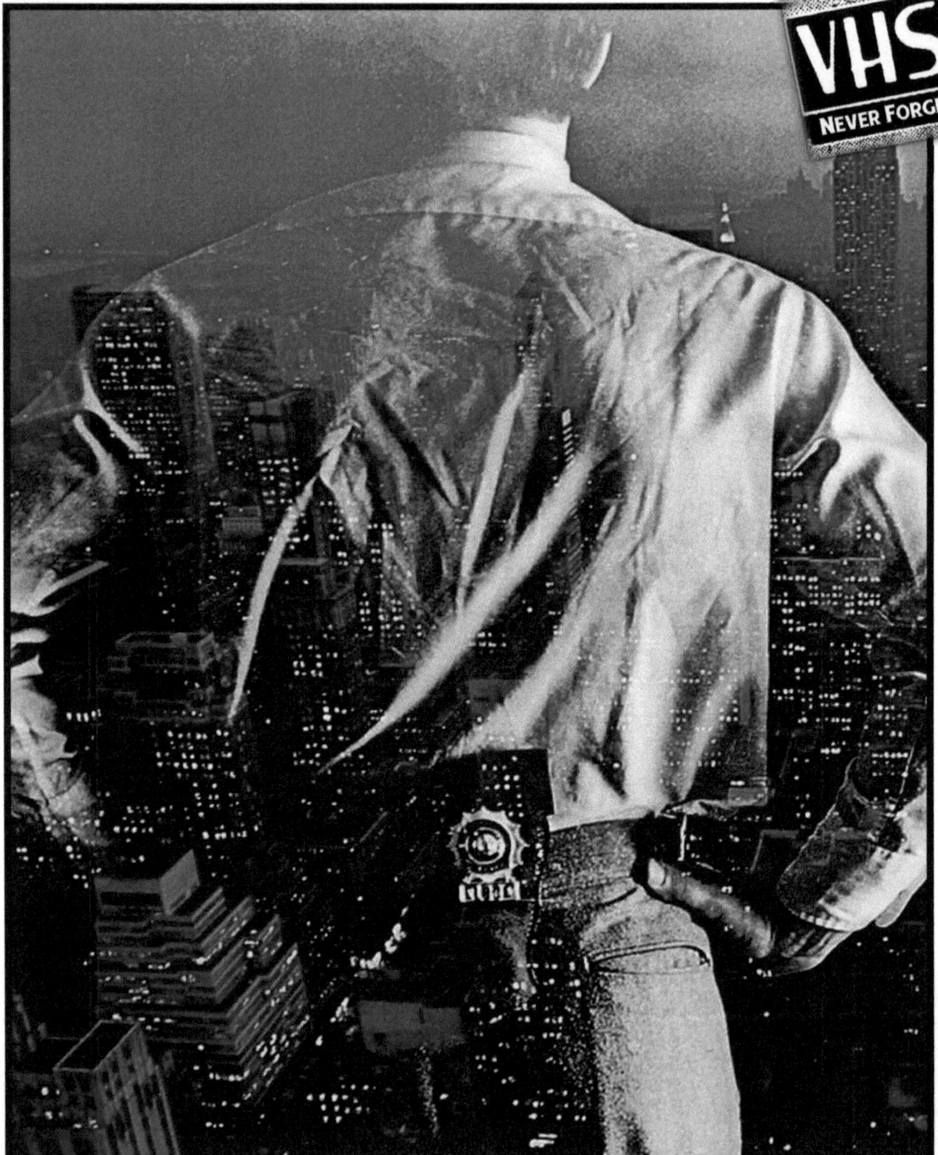

PRINCE OF THE CITY

Der US-amerikanische Regisseur
Sidney Lumet gilt als Experte für
gesellschaftskritische Stoffe. Er
befasst sich ausgiebig mit Moralischen, wie auch psychologischen
Erscheinungen. Besonders das
amerikanische Rechtssystem
wandert immer wieder in den Fokus.
Macht & Korruption sei auf der Seite
des Gerichts, oder   bei den Cops,
die die Rechte ausüben. Recht und
Unrecht sind nah beieinander und
vermischen sich oft zunehmend,
ohne dass der Zuschauer es mitbe-
kommt. Schon sein Erstlingswerk,
„Die Zwölf Geschworenen" aus dem
Jahr 1957, zeigt eindrucksvoll das
Bestreben und Talent des Regi-
sseurs.

Doch nichts geht über „Serpico" aus
dem Jahr 1973, in der Al Pacino die
Hauptrolle übernahm. In diesem Film
wird der Einzelgänger zum Helden,
zum Vorkämpfer einer Moralischen
Ordnung. Der Kampf gegen Korruption mit Hilfe des Gesetzes. Die
Menschen, die das Gesetz vertreten,
sind nicht nur den Gefahren ausge-
setzt, sondern auch den vielen
Versuchungen, das Gesetz zu
missachten.

In „Prince of the City" geht es um den
Ermittler Daniel „Danny" Ciello,
gespielt von Treat Williams. Er lebt
förmlich den amerikanischen Traum:
Er ist im Job erfolgreich, hat eine
Frau und ein Kind, sowie ein schickes
Eigenheim. Seine besten Freunde
sind auch seine Partner im Job und
teilen nicht nur die Arbeitszeit mit
ihm. Sie treffen sich zum gemütlichen
Barbecue, oder auch auf ein Bier in
einer Bar. Immer von ihren Erfolgen
gekrönt gegen das organisierte
Verbrechen im Drogenmilieu. Doch
ihre Arroganz versteckt nur, dass sie
teils auch dreckige Methoden
anwenden, um ihre Erfolge durchzu-
setzen. Als Dannys drogensüchtiger
Bruder erkennt, das er Dreck am
Stecken hat, beginnt die Fassade an
zu bröckeln. Als die Staatsanwaltschaft an Danny herantritt,
weil sie nach einem Informanten
sucht, streitet dieser die Existenz von
Korruption vehement ab. Danny lässt
sich auf die Staatsanwaltschaft ein,
unter der Bedingung, das es keine
Ermittlungen gegen seine Partner /
Freunde geben wird. Er lässt sich
versetzen und macht Tonbandaufnah-
men von Gangstern, korrupten
Cops und kriminellen Bürgern.

VON STEFAN BÖSE

Schnell platziert er sich zum Star-Ermittler, doch ein Höhenflug beherbergt oft ein Nachspiel und einen tiefen, freien Fall nach ganz unten. In die Rolle des Danny schlüpfte Schauspieler Treat Williams. Ein Mann, der in vielen Filmen mitwirkte, jedoch in den B-Movie Bereich abwanderte. Zu seinen erfolgreichsten und beliebtesten Filmen zählen Titel wie „Dead Heat" von 1988 als Roger Mortis, „Flashpoint" von 1984 mit Kris Kristofferson und „Octalus – Der Tod aus der Tiefe" von 1998. Für den Film „Prince of the City" lastet ihm die Hauptrolle zu sehr auf den Schultern. Die enorme Belastung, die tragende Rolle der

Story dem Zuschauer überzeugend zu präsentieren, ist ihm leider nicht gut gelungen. Zu sehr gibt es Momente des Overacting. Dazu kommt, das "Nebencharaktere" ihm für kurze Momente die Show stehlen. Dennoch überzeugt seine Darbietung des korrupten Cops Danny ganz ansehnlich. Der Verfall vom einstigen erfolgreichen Cop zu einer Marionette der Justiz, ist ihm auch körperlich anzusehen. Der Film beherbergt noch etliche Nebencharakter, darunter sind auch markante Größen wie Jerry Orbach und Lance Henriksen zu erkennen. Auch kann man Bruce Willis in einer kleinen Nebenrolle entdecken.

Der Charakter des Danny dominiert die ganze Story über. Nebenfiguren tauchen entweder nur kurz auf, oder erscheinen zum Ende des Films erneut für einen kleinen Moment. „Prince of the City" bietet, wie „Serpico", einen ausgiebigen Eindruck in die Arbeit der Polizei und Ermittler. Die Strukturen der Polizei, der Gerichte und die der Korruption zeigt Sidney Lumet auf einem klassischen Polizeifilmterrain. Alle Stationen der Gerechtigkeit, Ermittlungen der Polizei mithilfe der Staatsanwaltschaft, werden präsent, ohne jedoch sich in Detailverliebtheit zu verrennen. Hinzu kommt, das sich die Story nicht eng gedrückt wie andere auf mehrere Wochen beschränkt, sondern einen Prozess über viele Jahre zeigt.

Der Zuschauer erlebt nicht nur die Erfolge eines Ermittlers, sondern auch, das er als Sprungbrett vieler Karrieren eiskalt missbraucht wird, ohne es jedoch selbst zu erkennen. Verfehlungen machen Erfolge zunichte und lassen den Hauptcharakter immer mehr bei seinen einstigen Kollegen und Freunden ins Abseits rutschen. Hochmut kommt vor dem Fall – diese Weisheit hat Sidney Lumet eindrucksvoll in Szene gesetzt. Zwar bietet die Laufzeit von

fast drei Stunden allerlei Hindernisse und ein paar Längen im Plot - der aber durch die vielen Nebencharaktere sehr viel Aufmerksamkeit abverlangt. Dafür wird der Zuschauer mit einem faszinierenden Portrait einer Spitzel-Karriere belohnt. Und das mit allen Höhen und Tiefen, die es überhaupt nur geben kann. Durch die fordernde Aufmerksamkeit des Zuschauers, kann Lumet mit flachen und wenigen Spannungsbögen arbeiten, die sich zumeist erst im letzten Teil des Films aufeinander zuspitzen und ihre Wirkung entfalten können.

VON STEFAN BÖSE

„Prince of the City" ist ein starker und ungewöhnlicher Polizeifilm. Die Grenzen von Korruption, Ehre, Verbrecher und die Moral vermischen sich mit zunehmender Laufzeit des Films. Gute und Böse Seiten werden dem Zuschauer innerhalb der Polizei, Staatsanwaltschaft und der bösen Buben gezeigt. Sidney Lumet bewies hier, das man auch mit Hilfe von vielen Örtlichkeiten, Räumen und Gebäuden eine gewisse Spannung aufbauen kann. Ihm wurde oft nachgesagt, dass er nur in begrenzten Räumen sein Talent unter Beweis stellen könne. Die Dialoge und die Mimik aller Darsteller fördern die Spannung und Aufmerksamkeit des Zuschauers. Bewusst wurde auf explizite Gewalt verzichtet. Und dennoch kann man sich nur kaum bis gar nicht der Wirkung des Films und seiner Story entziehen.

AKTUELLE EUROVIDEO TIPS

Video-Hits-★★5 Spitzenreiter ★★★

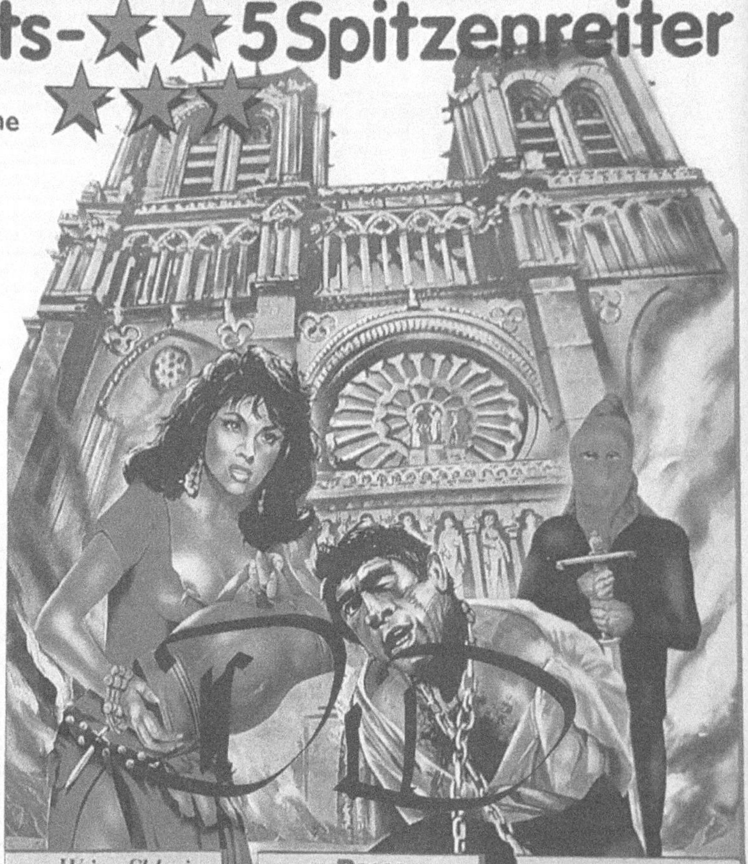

Der Glöckner von Notre Dame
volle Großverfilmung nach dem
n von Victor Hugo.
14213

Weiße Sklavin der grünen Hölle
nreicher Spitzen- Abenteuerfilm.
14207

Rocco, Ich leg dich um
harter, spannender Italo-Western.
17111

Addio Onkel Tom
chocker, der unter die Haut
Von G. Jacopetti.
14205

Invasion der Zombies
orrorfilm aus dem Reich der
den Toten.
15124

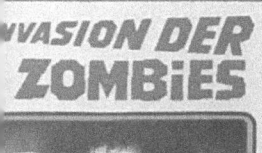

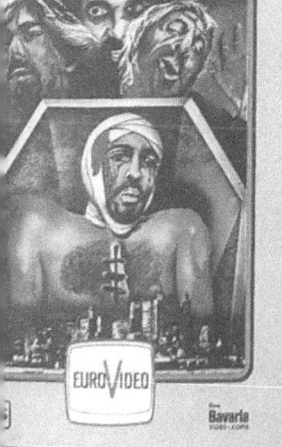

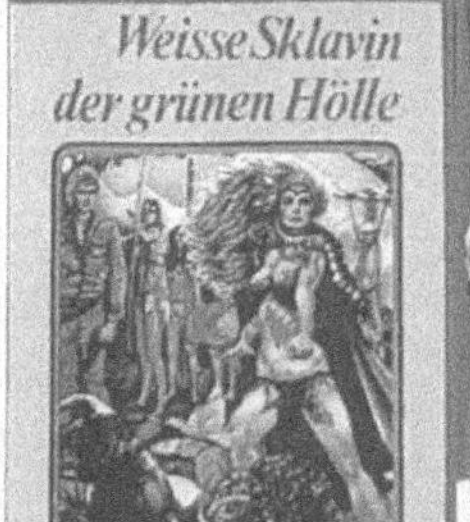

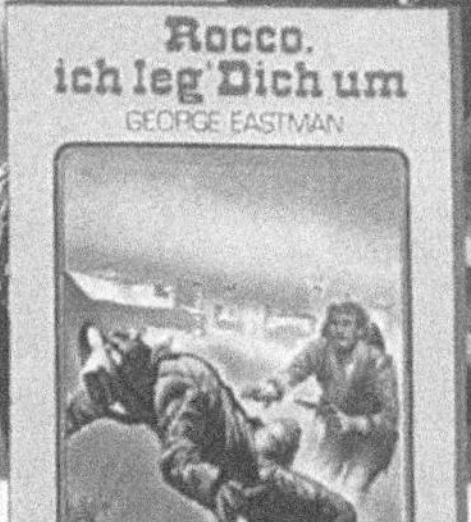

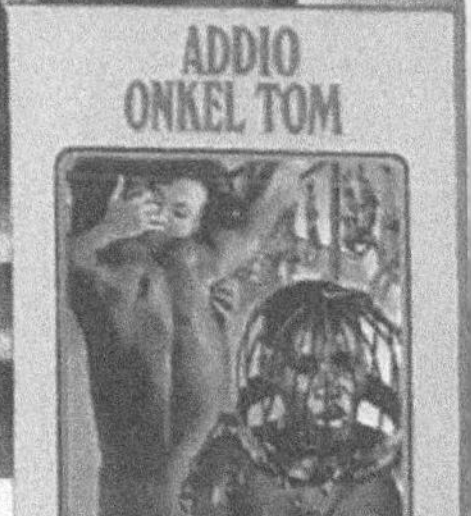

Fragen Sie Ihren Fachhändler nach dem großen EuroVideo-Spielfilm-Angebot

Cinestrange
Extreme

In einer nicht allzufernen Zukunft ist Venedig zu einer verseuchten Geisterstadt verkommen. In einem unterirdischen Forschungslabor der Tubelar Cooperation werden myseriöse Funksprüche abgesetzt bevord er Kontakt ganz abricht, Eine Spezial-Einheit soll den Wissenschaftlern zur hilfe eilen, doch schnell stellt sich heraus, das jede hilfe zu spät kommt. Grauige Mutanten schleichen durch die schier endlosen unterirdischen Korridore und töten jeden, der sich dort wagt entlang zu begeben. Auch die Männer und Frauen der Einheit müssen nun um ihr Leben kämpfen... doch nicht nur die schleimigen blurtünstigen Monster, die in den dunklen Gängen auf sie lauern sind eine Gefahr...

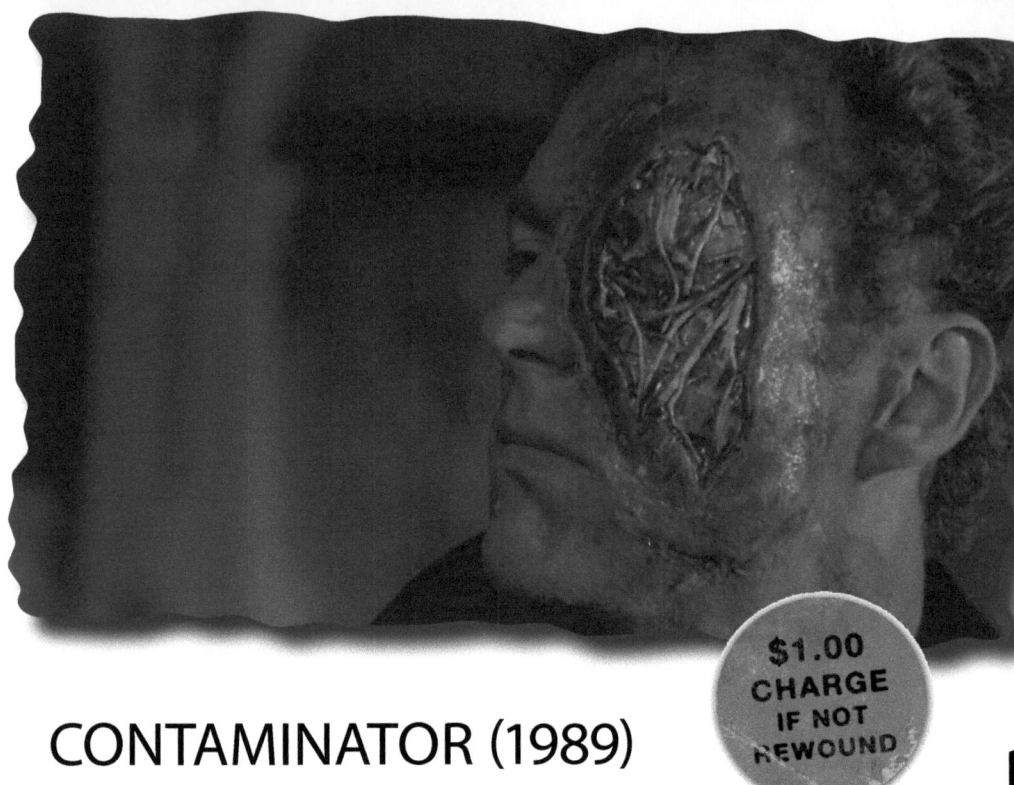

$1.00
CHARGE
IF NOT
REWOUND

CONTAMINATOR (1989)

Man muss und sollte dem italienischen Exploitation Genre schon zusagen, das sie mit Ihrer Frechheit und Waghalsigkeit so manche Videotheken-Klopper zur Welt brachten. Vor allem bei CONTAMINATOR, einem Rip-Off von „Aliens" und „Terminator" wo man sich dreist an ganzen Handlungsträngen, Charakteren und sogar Soundstücken bediente und noch dazu die Dreistigkeit besaß, dem Film den deutschen Titel „Terminator II" auf´s Auge zu drücken. Noch Jahre bevor der eigentliche „Terminator II" in die deutschen Kinos kam, griffen bestimmt hunderte Menschen blind in der Videothek nach dem Klon und erlebten daheim ihr blaues Wunder.

Auftragsregisseur Bruno Mattei bekam den Auftrag, kurz nach Ankündigung von James Camerons Fortsetzung zu „Terminator", diesen kruden Mix mit einem sehr geringen Budget auf die Beine zu stellen. Ursprünglich sollte der Film „Shocking Dark" lauten, doch dies war den Produzenten zu langweilig und so kreierten sie den Titel „Terminator II" oder auch später „Contaminator – Die Mordmaschine aus der Zukunft". Doch nicht nur der Titel, Story und Charaktere wurden stibitzt, sondern auch das Cover wurde dreist kopiert und nur minimalistisch verändert. Im Jahr 1989 wurde der Streifen „Contaminator" sogar in Cannes aufgeführt und geriet danach fast vollkommen in Vergessenheit.

VON STEFAN BÖSE

Die meisten Kritiker verurteilten das Werk von Mattei und zerrissen es förmlich in der Luft. Auch wenn der Plot nahezu 1:1 kopiert wurde, so schaffte das Geschwisterpaar Francesco und Gaetnao Paolocci, eine bestimmige Atmosphäre aufzubauen, die nur durch wenige Momente unterbrochen wird. Trotz eines geringen Budgets und widrigen Drehverhältnissen schufen sie ein Monster, was zwar optisch vom Vorbild von H.R. Giger abweicht, sich aber eher an den „Terminator" orientiert und durchaus ein ansehnliches Objekt ist. Und das mit nur einer kleinen Geldsumme. Der Zuschauer erkennt sofort, welcher Charakter der „Contaminator" ist. Der Schauplatz des Films ist Venedig was meines Erachtens eine gute Wahl darstellt. Die vielen Straßenkanäle, Brücken und vor allem die historischen Gebäude versprühen ebenfalls ein mystisches Flair, was den Stil des Films deutlich verstärkt.

Schauspielerisch betrachtet, kommen die Darsteller wohl kaum an die großen Vorbilder wie Linda Hamilton, Arnold Schwarzenegger und Bill Paxton heran. Dennoch bieten sie einen guten Schauwert und liefern für dieses feine B-Movie akzeptable Schauspieler-Leistung ab. Am eindrucksvollsten ist hierbei das ehemalige Modell Geretta Geretta, die sich im Laufe der 80er-Jahre als eine Ikone des italienischen Exploitation-Films etablieren konnte, was bei ihrem Charisma und einer Energie, die Grace Jones neidisch machen würde, nicht verwunderlich ist. Ebenfalls auffallend ist der kurze Auftritt von Clive Riche, der sich im späteren Verlauf seiner Karriere zu einem veritablen Charakterschauspieler entwickelte und selbst in einigen Hollywood Produktionen mitwirkte.

Ein großes Lob geht auch an den etwas unbekannteren Christopher Ahrens, der als „Terminator" in diesem Film versucht, Arnold Schwarzeneggers Auftritt als T-800 so nah wie möglich nachzuahmen.

Freunde und Fans von Italo-Trash werden hier ihre Freude haben und auf Ihre Kosten kommen. Mit einer großen Portion Trash ist „Contaminator" ein Beweis für italienischen Exploitation in reiner Form. Hätte Bruno Mattei hier etwas Geld über gehabt, um den Zuschauer noch blutige Szenen zu präsentieren, wäre der Streifen ein Hochgenuss. Stattdessen kämpft man im Mittelteil mit etwas Langatmigkeit, was aber das bekloppte Finale wieder ausbügelt. Dennoch etwas mehr roter Lebenssaft hätte dem Streifen sicherlich gut gestanden.

DOMINIK STARCK, FLORIAN WURFBAUM & KEVIN ZINDLER

DEATH WISH

EIN FILMBUCH SIEHT ROT

MATTHIAS BOGNER, KRISTIJAN ŠKROBO & PETER OSTERIED

DEATH WISH
COLLECTION

VON KRISTIJAN SKROBO

 DER KICKBOXER (1989)

„Kickboxer" ist ein toller und vor allem sehr wichtiger Film in der Karriere von Jean-Claude van Damme, zeigte er doch das er nach „Bloodsport" bei weitem keine Eintagsfliege ist sondern sich als Action-Hero festbeißen konnte.

Gewisse Einflüsse von „Bloodsport" merkt man, sind doch viele Beteiligte vor und hinter der Kamera wieder beteiligt. Mark Disalle war Produzent von „Bloodsport", wie auch hier. Bei „Kickboxer" (in Deutschland damals als „Karate Tiger 3" veröffentlicht worden) nahm er aber auch mit David Worth (Kameramann bei „Bloodsport") auf dem Regiestuhl platz.

Auch die Musik (grandios die 80er)

kommt wie bei „Bloodsport" von Paul Hertzog. Dazu kommt natürlich Jean-Claude van Damme der nicht nur vor der Kamera die wichtigste Rolle einnahm sondern auch alle Fights choreographierte. Das ist aber nicht die letzte Parallele, schließlich tritt ein weiterer Darsteller in beiden Filmen auf. Parades aus „Bloddsport" (dessen größte Szene sein durch Chon Li gebrochenes Bein ist) wird zu Tong Po in „Kickboxer".

Eine Meisterleistung der Maske, erkennt man doch überhaupt keine Ähnlichkeit mehr. Tong Po ist ein grandioser Bösewicht, der Look ist einzigartig und seine ganze Persona ist karger then life.

Vergessen war gestern, wir sprechen darüber!

Der Film ist gespickt mit den legendären oder ikonischen Szenen und Momenten. Nok Su Kao, die Szene mit dem Bambusbaum, das epische Duell nach alten Regeln (grandios in „Hot Shots 2" auf die Schippe genommen) und wer könnte die legendäre Tanz-Szene vergessen? Einzigartig und sie zaubert mir immer ein Lächeln ins Gesicht.

Thailand wird grandios und wunderschön auf Film gefangen und auch die Trainingsszenen in den Ruinen sind wunderbar. Das ganze Trainingslager ist ein Highlight,

was auch am Charme und Charisma von Dennis Chan als Meister Xian liegt. Auch die anderen Darsteller wie Taylor usw. tragen zum guten Niveau bei.

Als Bruder von Van Damme ist der damalige Kickbox Weltmeister Dennis Alexio (ist gegen Branko Cikatic und Don the Dragon Wilson angetreten) zu sehen. Schade das der nicht mehr Filme gemacht hat, das Potenzial hätte er gehabt. Inzwischen verbüsst der gute Mann eine Haftstrafe von 15 Jahren wegen Betrug und Geldwäsche.

Der einzige wirkliche Kritikpunkt
den ich habe bezieht sich auf den
trotzdem tollen Endfight. Was mich
jedoch stört ist das der gute Herr
Van Damme etwas zu selbstver-
liebt war.

Nachdem sein Bruder befreit ist
und Van Damme sich für den
Kampf bereit findet hat Tong Po
keine Chance mehr und jeder
Schlag oder Tritt von Van Damme wird über Gebühr inszeniert...
der Fight hat für mich nicht ganz
den Fluss vom Endkampf bei

„Bloodsport".
Das soll aber nur meckern auf
hohem Niveau sein, ansonsten ist
das ein waschechter Fight Klassiker der 80er/90er Jahre mit tollem
Setting, tollem Bösewicht und
tollen Fights.

Ein Van Damme Klassiker voller
ikonischen Szenen (der Tanz, die
Bambus-Szene, der Endkampf)
einem ikonischen Bösewicht, einer
tollen exotischen Atmosphäre und
tollen Fights. Ein Klassiker und
Meilenstein für Van Damme.

KICKBOXER

DER HEISSE TOD (1969)

Das Leben von Marie, Helga und Natalie, die in den Knast auf einer tropischen Insel verlegt werden, auf der Governor Santos das Sagen hat, ist voller Leid und Pein. Einen Großteil trägt dazu die sadistische Wärterin Thelma Diaz bei. Als Natalie eines grausamen Todes stirbt, beschließen die Frauen zu flüchten.

„Der heisse Tod" ist ein Abenteuerfilm unter der Regie von Jess Franco aus dem Jahre 1969. Wie man es von Franco kennt, wurde auch hier auf Erotik und Gewalt nicht verzichtet und in den recht simplen Plot integriert. Der Film ist ein frühes Werk aus der Ära von Jess Franco und zeigt schon recht eindrucksvoll, was in seiner späteren Laufbahn alles zum Tageslicht kommen wird. Als Vorreiter des WIP (Woman in Prison) Genre zählt „Der heisse Tod" definitv – zwar noch etwas zahm und holprig, aber durchaus als WIP-Streifen zu erkennen.

Es war Francos erster WIP-Film. Das sollte man bei der Sichtung beachten, um spätere Enttäuschungen im Keim zu ersticken. Verglichen mit späteren Werken wirkt „Der heisse Tod" recht zahm, was Gewaltexzesse und expli-

zite Sex-Szenen angeht. Mit teilweise verschwommenen Aufnahmen, die z.B. nur ein Stückchen Haut der Beteiligten zeigen, wurde hier gearbeitet.

Im Original lautet der Titel „99 Women" und kann vor allem mit einem sehr bekannten Cast punkten. Das war auch der Grund dafür, das auf viele Sex-Szenen verzichtet wurde. Der Film beherbergt die typischen Klischees, welche das Sub-Genre „WIP" mit sich bringen. Die Story ist recht einfach gestrickt und folgt geradlinig dem Skript. Gefüllt mit Szenen, die Erotik versprühen sollen, wurde die Laufzeit gekonnt gestreckt. Auch sind einige folgende Szenen recht lau und wirken etwas zwielichtig und passen sich dem Gesamteindruck nur schwer an. Das verursacht Langeweile beim Zuschauer.

In voller Erwartung wartet der Zuschauer sehnsüchtig nach den prickelnden und recht freizügigen Szenen, die jedoch nicht präsent sind. Zwar wurde hier versucht ein Hauch von Erotik einzufangen, was jedoch meist im kleinen Desaster endet und kaum Sehnsüchte und Gelüste beim Zuschauer stillen. Da war es auch nicht von nutzen, sich für viele Schönheiten aus der Schauspielerei zu bedienen, auch wenn sie Strapse tragen, oder ein durchsichtiges Negligee, wo man gewisse Anreize nur erahnen kann.

Beeindruckend ist vor allem die Besetzung des Films: Maria Shell, die Schwester von Maximilian Shell, spielt hier eine Gefangene. Man kennt sie auch aus „Der Hexentäter von Black Moor" aus dem Jahr 1970 als Mother Rosa, oder aus dem „Tatort: Die Abrechnung" von 1975. Einen Serien-Auftritt hatte sie in „Kojak" und „Das Traumschiff". Sie verstarb 2005 im Alter von 79 Jahren an einer Lungenentzündung. In einer weiteren Rolle als Gefangene taucht die italienische Schauspielerin Rosalba Neri auf. Sie war ein sehr bekanntes Gesicht für Film-Produktionen und war in den verschiedensten Genres beheimatet. Neri drehte erfolgreich viele Filme. So spielte sie unter anderem an der Seite von Giuliano Gemma in „Arizona Colt" (1966), „Die Folterkammer des Dr. Fu Man Chu" (1969), „Lady Frankenstein" (1971) als Tania Frankenstein, sowie in „Tödlicher Hass" (1973) an der Seite von Alain Delon mit.

VHS
NEVER FORGET

BE KIND
REWIND

Vergessen war gestern, wir sprechen darüber!

Technisch betrachtet ist „Der hei-
ße Tod", der mit atmosphärischen
Sets und Kulissen, sowie auffäl-
ligen Kostümen aufwartet, recht
gut gelungen. Das frühe Werk aus
seiner recht umfassenden Laufbahn dürfte für „WIP" Neulinge ein
guter Anfang und Ausflug in die
Welt von Sex, Erotik und Gewalt
sein. Weckt vor allem die Neugier
auf spätere Werke aus der Feder
Jess Franco.

Das Label PIDAX Film nahm sich
dem Film „Der heisse Tod" an und
spendierte ihm eine würdige DVD
Veröffentlichung. Mit einem klaren

guten Bild, keine aufgeblähten
Farben und einen gut klingenden
Sound versehen, erstrahlt der Film
in guter Qualität. Aufgrund der
Tatsache, das es den Film in den
verschiedensten Fassungen auf
der Welt gibt, gilt diese französi-
sche Version namens „Les Brulan-
tes" ,als die härteste.
Hierfür wurden extra Hardcore-
Szenen mit anderen Schauspie-
lern gedreht und in den Film ein-
gefügt. PIDAX entschied sich für
die englischsprachige US-Version.
Die englischsprachigen Szenen
wurden mit deutschen Untertiteln
versehen.

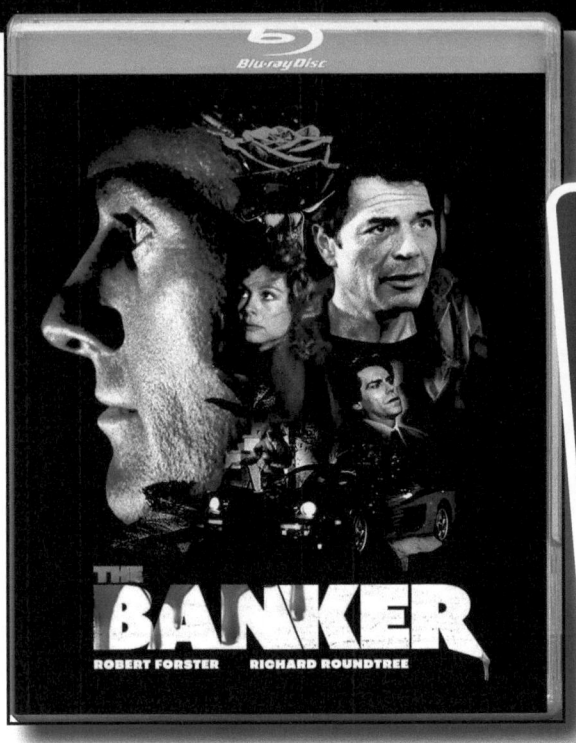

Wenn es Nacht wird über Los Angeles beginnt sie wieder - die lähmende Angst vor einem unheimlichen Killer, der die Megastadt terrorisiert. Wer ist dieser Wahnsinnige, der seinen Opfern als Visitenkarte ein primitives Mal in den Körper ätzt ? Die TV-Reporterin Sharon Maxwell prangert in ihrer allabendlichen Sendung diese Bestie in Menschengestalt an. Wütend über ihre respektlose Berichterstattung beginnt der Killer mit Sharon ein tödliches Katz- und Mausspiel. Während die Polizei noch im Dunkeln tappt, bereitet sich der Mörder auf ein Fest ganz besonderer Art vor: Der „Hinrichtung" seines nächsten Opfers, SHARON MAXWELL ...

Schon das DVD Cover des Films „The Banker" aus dem Jahr 1989 verspricht pure 80er Action auf B-Movie Niveau. Ein Mann, dessen Gesicht in zwei unterschiedlichen Ansichten präsentiert wird - das lässt auf einen Mann mit zwei verschiedenen Leben zu! Oder doch eine gespaltene Persönlichkeit?

Regisseur William Webb inszenierte Ende der 80er diese B-Movie Action-Produktion mit recht prominenter Besetzung. Schaut man in die Laufbahn von Webb, wird man recht schnell erkennen, das es sein erster Ausflug ins Action-Genre war. Zuvor drehte er seichte Komödien, die hierzulande eher unbekannt sind und ein Dasein

auf VHS fristen. „The Banker" hatte lange dasselbe Schicksal, doch dank dem neuen Label „Retro Gold 63" schaffte es diese kleine Film-Perle auf Scheibe in den Handel zu kommen.

„The Banker" bedient sich zwar reichlich an bekannten typischen Klischees, doch schafft es der Film, sich gut in Szene zu setzen. Da haben wir einmal einen Cop (gespielt von Robert Forster), der im Baumhaus seiner Tochter lebt, weil er mit seiner Frau, die Reporterin ist, nicht mehr viel am Hut hat. Aufgrund einer Mordserie an Prostituierten in der Stadt, wird ihm der Fall von seinem Boss aufgetragen und ihm noch ein Rookie zur Seite gestellt.

Schon zu Beginn des Films „The Banker" bekommen wir den Mörder in Action zu sehen - in doppelter Hinsicht: Erst ein heißes Schäferstündchen mit einer heißen Frau, und im zweiten Moment der Mord. Schnell wird einem klar, das man einige solcher Szenen zu Gesicht bekommen wird, und die Neugier ist vor allem beim männlichen Zuschauer geweckt. Vor allem bemerkt man, das sich sehr viele Szenenfolgen bei Nacht abspielen werden – der Mörder hat ja auch noch ein normales Leben!

Der Mörder, der mit Vorliebe mit einer Laserunterstützten Armbrust seine Opfer zum Tode bringt, führt ein beschauliches und ansehnliches Leben voller Luxus und Geld im Überfluss. Mit Vortragen der Klischees kann man schon schnell erkennen, was einem erwartet – und hat auch schnell einen Einblick in die recht simple Story des Films.

Den etwas abgewrackten Cop spielte Robert Forster – ein bekanntes Gesicht aus vielen Filmen in den 80er Jahren, die in den Videotheken ihren Platz in den Regalen hatten.

Allen voran der Film „Peacemaker", der hierzulande noch immer ein ONLY VHS Kandidat ist, ist sehr zu empfehlen. In seiner Laufbahn spielte er noch in „Avalanche" von 1978, „Der Horror-Alligator" von 1980 und „Streetfighters" von 1982 mit, um nur mal ein paar seiner Filme aufzuzählen. Kleiner Geheimtipp: „The Hard Way" aus dem Jahr 1983 – dieser ist vor kurzem auf Scheibe erschienen. Im Jahr 2019 verstarb Forster an einem Hirn-Tumor im Alter von 78 Jahren.

In eine der Hauptrollen sehen wir die Schauspielerin (und Ehefrau) Shanna Reed. Auch sie ist aus vielen TV-Serien und Filmen ein recht bekanntes Gesicht. Unter anderem kennt man sie aus der Serie „The Colbys – Das Imperium", wo sie die Figur Adrienne Cassidy in 14 Folgen spielte. Sie war in den 80er Jahren eine recht attraktive Frau, und ist ein kleiner Augenschmaus im Film „The Banker". Sie verkörpert im Film die taffe Reporterin, die auch vor einem Massenmörder keine Angst hat, sehr überzeugend und authentisch. Sie gerät zwar auch in das Zielmuster des Mörders, weiß aber sich zu wehren um ihr Ziel zu verfolgen.

In die Rolle des Bösewichts, der gewissermaßen ja zwei Persönlichkeiten mimen muss, wurde Schauspieler Duncan Regehr gecastet. Wie seine Kollegen im Film spielte er in zahlreichen TV-Serien mit, auch waren gelegentliche Film-Rollen darunter. Interessanterweise ist er als Count Dracula im Film „The Monster Busters" von 1987 zu sehen. Im Film „The Banker" mimt er sehr überzeugend den Geschäftsmann und den Mörder mit indianischen Motiven. Er macht somit nicht nur im Anzug, sondern auch im Kampf-Outfit mit freiem Oberkörper eine gute Figur. Meiner Meinung nach hätten sie dem Charakter des Mörders mehr Screentime und Entfaltungsmöglichkeiten bieten sollen, die aber höchstwahrscheinlich aufgrund des geringen Budgets nicht beachtet wurden. Auch wird das Finale, worauf die Story gut hinarbeitet, durch den schnellen Abbruch ausgebremst und seinen vielen Möglichkeiten beraubt.

Schon der Anfang des Films versetzt den Zuschauer zurück in die 80er Jahre: Türkisfarbene Schriften und ein Synthesizer Sound, wie man es aus dem Jahrzehnt kennt. Recht schnell zeigt der Film „Exploitation pur", was man sich wünscht. Eine Mischung aus Action, Thriller und Drama – untermalt mit typischen Outfits, inkl. Schulterpolster, Frisuren: VoKuHiLa war der Trend. Dazu der stimmige Sound aus dem Rock und Elektro-Genre. Im mittleren Teil des Films driftet er etwas in die Beziehungskiste vom Cop und der Reporterin ab, wird jedoch wieder angekurbelt durch die Jagd auf den Killer, der im Finale den Cop den Garaus machen will. Doch dieser hat die Rechnung ohne die taffe Reporterin gemacht, die den Cops oft die Show stiehlt. Dennoch bekommen wir hier solide Kost auf einem guten Niveau geboten. Flotte Sprüche sind mit inbegriffen und verhelfen dem Streifen zu seiner recht rüpelhaften Atmosphäre. Abgerundet wird das Geschehen mit nackten Tatsachen, die dem Zuschauer stolz präsentieren, was die Schönheits-

chirurgie schon drauf hatte. Der Film „The Banker" macht Laune, bietet gute amüsante unterhaltsame Kost – auch wenn es hier und da ein paar kleine Schwächen gibt, trüben sie nicht den Unterhaltungswert.

Die Veröffentlichung aus dem Hause „Retro Gold 63" bietet eine sehr gute Bild und Ton-Qualität – wenn man bedenkt das der Film aus den 80er Jahren stammt, und eher ein „noch" unbekanntes DaSein fristet. Die DVD Auflage ist auf 1000 Stück limitiert und bietet sogar ein Wendecover. Als Bonusmaterial ist lediglich der US-Trailer mit an Bord.

JAHRMARKT (1980)

Donna (Jodie Foster) ist eine junge Kellnerin, die sich in ihrem kleinen Dorf langweilt und auch auf ihren Freund Mickey (Craig Wasson) keine Lust mehr hat. Als ein Jahrmarkt in der Stadt ist, lernt sie den Schausteller Frankie (Gary Busey) kennen. Gemeinsam mit Frankies Freund Patch (Robbie Robertson) brennt Donna durch und schließt sich der Truppe an. Sie beginnt eine Affäre mit Frankie, wird schließlich jedoch von den beiden auf die Bühne gestellt um halbnackt vor Männern zu tanzen. Donna findet sich in einer komplizierten Dreiecksbeziehung wieder. Aber um Anerkennung in der Familie des Jahrmarkts zu bekommen, ist sie bereit, an ihre Grenzen zu gehen…

Wer geht nicht gerne über den Rummelplatz, Schützenfest oder auch Jahrmarkt genannt? Den Geruch von Popcorn und Zuckerwatte, dazu die leckeren gegrillten Imbisswaren. Doch wie es hinter den Kulissen eines Jahrmarktes ausschaut, wissen die wenigsten. Aber interessiert es einen überhaupt? Das die heile und bunte Welt, die man von außen sieht, nicht die reine Wahrheit ist, dürfte jedem klar sein. Und betrachtet man diese Thematik in den Zeiten der 80er Jahre, sieht es noch anders aus.

Das dachte sich wohl auch der Regisseur Robert Kaylor, als er sich das Skript zum Film JAHRMARKT vornahm (im Originaltitel „Carny"). Es war erst sein zweiter Versuch, mit einem Film in Spielfilmlänge im Filmgeschäft Fuß zu fassen. Angefangen hatte Kaylor mit einem Kurzfilm mit dem Titel „Max-Out" im Jahre 1970. Er drehte noch nur ein Jahr später seinen ersten Film in Spielfilmlänge mit dem Titel „Derby". Als Abschluss seiner kurzen Laufbahn drehte er noch „Hände weg von Stefanie". Das war 1990. Seitdem ist es ruhig um Kaylor geworden.

Der Film JAHRMARKT ist ein reines Drama, was sich mit den Leben einer jungen Ausreißerin und ein paar Schaustellern auf einem Rummel befasst. Eine junge Frau namens Donna, die in einer kleinen Stadt als Kellnerin arbeitet, besucht mit ihrem Freund den JAHRMARKT, der zur Zeit gastiert. Dort lernt sie den Schausteller Frankie kennen, der als Clown verkleidet in einem Käfig sitzt und darauf wartet, das Besucher ihn mithilfe eines Balles auf einer Zielscheibe in das unter ihm liegende Wasserbecken befördern. Frankie ist kein einfacher Geselle: Er pöbelt, lästert und stachelt die Besucher ordentlich an, um sie wütend zu machen, damit sie vor Frust ordentlich daneben werfen, und unnötiges Geld bezahlen. Sein Kollege und Freund Patch begleitet ihn auf den Reisen, und hilft Frankie auch mal aus brenzligen Situationen. Diese treten des Öfteren durch Franki's Beleidigungen und Anstachlungen auf. Donna ist fasziniert von Frankie und seinem Leben, und möchte sich den beiden jungen Männern anschließen. Doch das Leben und Arbeiten im Schaustellergewerbe ist kein Zuckerschlecken, was Donna auch deutlich zu spüren bekommt.

Man könnte meinen, das JAHR-MARKT nur ein müder Versuch ist, das Leben der Schausteller ins Licht der Kamera zu rücken. Dabei steckt viel mehr dahinter, wenn man sich mit dem Film mehr Zeit lässt. Das Tempo des Films ist auch ruhig und sinnig, und verhilft dem Zuschauer durch viele Anspielungen und Andeutungen dazu, das Leben hinter den Kulissen in der Schaustellerei der 80er Jahre kennen zu lernen. Viele Probleme mit Kollegen, Mitstreitern und auch Be-hörden sind zu meistern, auch wenn hierfür gelegentlich die Fäuste zum Regulieren der anfallenden Probleme zum Einsatz kommen.

In die Rolle des Clowns Frankie durfte Gary Busey schlüpfen. Ihn kennt man aus zahlreichen anderen Produktionen. Dort war er hauptsächlich in Nebenrollen zu sehen. Der Film JAHRMARKT ist wieder eine kleine Perle aus seiner Schauspielkarriere, wo er eine Hauptrolle besetzen durfte.

Als sein Kumpel und Wegbegleiter ist Robbie Robertson zu sehen. Seine weiteren Ausflüge im Filmgeschäft sind hierzulande gänzlich unbekannt. Als die junge Donna durfte Jodie Foster mit in den Cast einsteigen. Die damals noch 16- jährige mimt hier eine 18 jährige junge Frau, die als Kellnerin in einem kleinen Nest arbeitet. Es war ihr erster Film, in dem sie eine

darf auch Donna - alias Jodie - dabei beobachten, wie sie sich versucht, als Stripperin in einem kleinen Zelt vor einem Publikum auszuziehen. Wobei es lediglich beim Anblick der damals jungen Jodie in Straps, Slip und BH bleibt. Das soll nicht sexistisch wirken, aber diese Szene und zwei Bettszenen sorgten für eine erhöhte Freigabe des Films.

volljährige Frau spielte. Aufgrund zweier Bettszenen mit ihr war der Film nur für ein Erwachsenes Publikum zu sehen. Jodie Foster konnte sich Jahre später von kleinen Rollen bis nach ganz oben in Hollywood katapultieren, und zählt heute zu den besten Schauspielerinnen, die Hollywood im Repertoire hat. JAHRMARKT zeigt aber nicht nur das Leben und die Probleme von Frankie und Patch, sondern das es auch andere aus dem Geschäft nicht leicht haben, durchs Leben zu gehen. Zudem begleitet man die kleine Gruppe - bestehend aus Frankie, Patch und Donna - auf den Reisen zu anderen Orten. Und man

Wer gerne mal ein bewegendes Drama sehen möchte, was die Tränendrüse mal komplett außen vor lässt, wird mit JAHRMARKT seinen Spaß haben. Doch muss man leider die Augen und Ohren offen halten, denn dieser Film ist hierzulande noch nicht mal auf VHS erschienen. Er wird lediglich selten im Pay TV ausgestrahlt. Im Free TV Programm konnte ich diesen Film noch nie entdecken - was sehr schade ist, denn Gary Busey und Jodie Foster glänzen in ihren Rollen und hauchen ihnen Realismus ein. Der Zuschauer kann sich mit ihnen identifizieren.

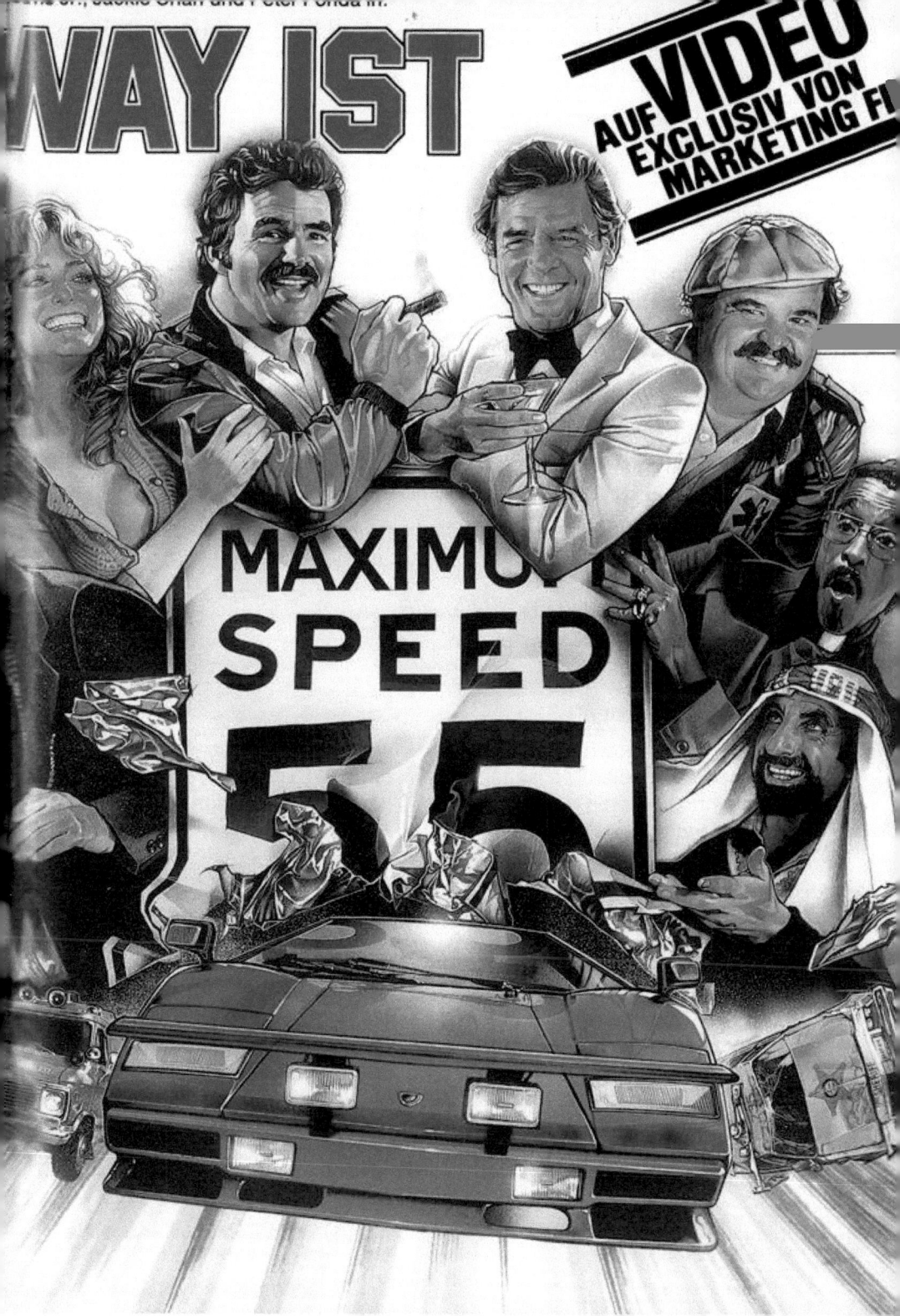

Im Wüstennest Purgatory versuchen die Vampire unter Führung des Grafen Mardulak ihrer Gier nach Menschenblut Herr zu werden. Sie trotzen der Sonn und sind entschlossen, sich mit künstlichem Blut zu ernähren. Wegen eines Defektes in der Fabrik für den „Lebenssaft" wird Spezialist Harrison samt Fam geholt. Er trifft hier auf seinen Rivalen Shane, Exgeliebter seiner Gattin und konservativer Vampir, der mit Kompagnon Jefferson wieder zum Bluttrinken de herkömmlichen Art zurückkehren möchte. Der Sturm der Rebellen auf Mardula Stadt endet mit einem Desaster. Die Vampire finden ihr Ende, Mardulaks Frak on überlebt. Ihnen hat der Himmel vergeben.

Irgendwie ist Sundown - Der Rückzug der Vampire bei vielen Menschen in Vergessenheit geraten, dies ist sehr schade, denn dieser Film ist eine wahre Perle unter den vielen Filmen der 80er Jahre. Nicht nur das bekannte Darsteller und auch Regisseur an ihm mitgewirkt haben, nein, auch die Umsetzung ist wunderbar gelungen und hebt sich von vielen anderen Werken aus dieser Zeit hervor. Vieleicht liegt es auch daran, das es Sundown bislang nur auf VHS gab, und er es nun endlich auf die silberne Scheibe geschafft hat. Was lange währt, wird endlich gut oder wie lautet das Sprichwort?!

Um nun mal zum Film Sundown

selber zu kommen, fangen wir mal mit den Darstellern an, es tauchen einige bekannte Gesichter aus anderen Filmen auf, wie unter anderem: David Carradine, den man auch aus der damaligen TV Serie „Kung Fu" und später aus „Kill Bill" kennt, mimt in Sundowm auf hervorragende Weise den Anführer der Vampire,um die es in Sundown geht, namens Graf Mardulak. Seine schauspielerische Darstellung dieser Rolle ist vorbildlich, die zurückhaltende und doch zuvor kommende Art und Weise wie ein Graf sich gegenüber seinen Gästen benimmt. Desweiteren ist noch „Bruce Campbell" in einer komödiantischen Rolle zu sehen, diese Rolle bringt ihm in Sundown sehr viele

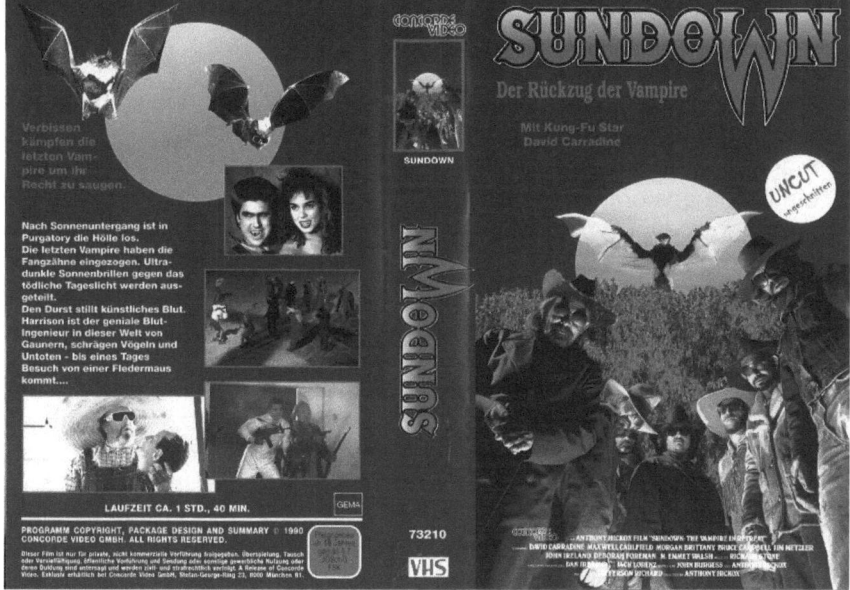

Sympathiepunkte ein, denn er spielt einen trotteligen Art Vampirjäger, eine Anlehnung an Van Helsing.

In einigen Nebenrollen sind auch noch: M. Emmet Walsh, der einen ZZ Top ähnlichen alten Mann darstellt, und nicht zu vergessen: Jim Metzler, bekannt aus „L.A. Confidential", der in Sundown wunderbar einen Ingenieur spielt.

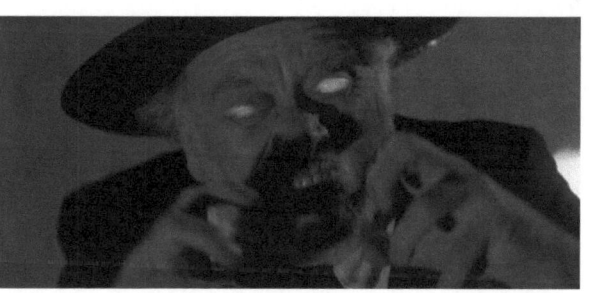

filmklischees, die hier ausreichend Platz finden, eine Anspielung setzt an die nächste an, Komödie im gewissen Sinne, man kann sich zwar nicht Tod lachen, aber der ein oder andere Grinser und Schmunzler ist dem Zuschauer garantiert, dies war wohl auch ein Hauptaugenmerk vom Regisseur, zu dem aber später noch mehr. Zum Thema Western kann man nur sagen, viele Vampire in Sundown tragen typische Western Klamotten, was wohl dem Zuschauer verdeutlichen soll, das sie auf dem Land in der Einöde leben, abseits der Menschen. Und Splatter - nun ja, ein oder zwei Szenen sind ein wenig deutlicher in Szene gesetzt, aber es fliesst auch nicht viel Blut.

Sundown in ein Genre zu packen wird verdammt schwer, denn er bedient mehr als nur ein Genre, es ist eine fröhliche Mixtur aus: Horror, Komödie, Western, Splatter. Zum Genre Horror bedient sich Sund-down an vielen bekannten Vampir-

Dies alles macht Sundown sehr familienfreundlich, wenn man von der FSK 16 Freigabe ein wenig absieht! Regisseur in Sundown war der bekannte: Anthony Hickox bekannt aus „Waxwork und Hellraiser III" Die Sets und Kostüme sind aufwendig und detailgetreu in Szene gesetzt, was trotz des geringen Budgets von knapp 3 Millionen Dollar wohl relativ schwer war, selbst die Effekte der Vampire/Splatter sind sehr schön anzusehen, es kommt auch die bekannte Stop-Motion Technik bei den Fledermausszenen zum Einsatz, was eine Anlehnung an alte Filme sein dürfte!

Die Story in Sundown geht etwas langatmig in Gang, es wird sehr viel auf die einzelnen Rollen eingegangen, aber man wird mit einem sehr rapiden Anstieg und einem Showdown bestens versorgt, dran bleiben, zahlt sich in diesem Fall aus. Sundown macht Spaß, eine wahre Perle unter den Filmen der 80er Jahre, die DVD Umsetzung ist solide, gutes Bild und der Ton ist auch befriedigend. Ich habe nur das hässliche Cover zu bemängeln, aber dies ist geschmackssache! Vieleicht kommt der Film von einem anderen Label nochmal auf den Markt, mal bei CMV anklopfen?

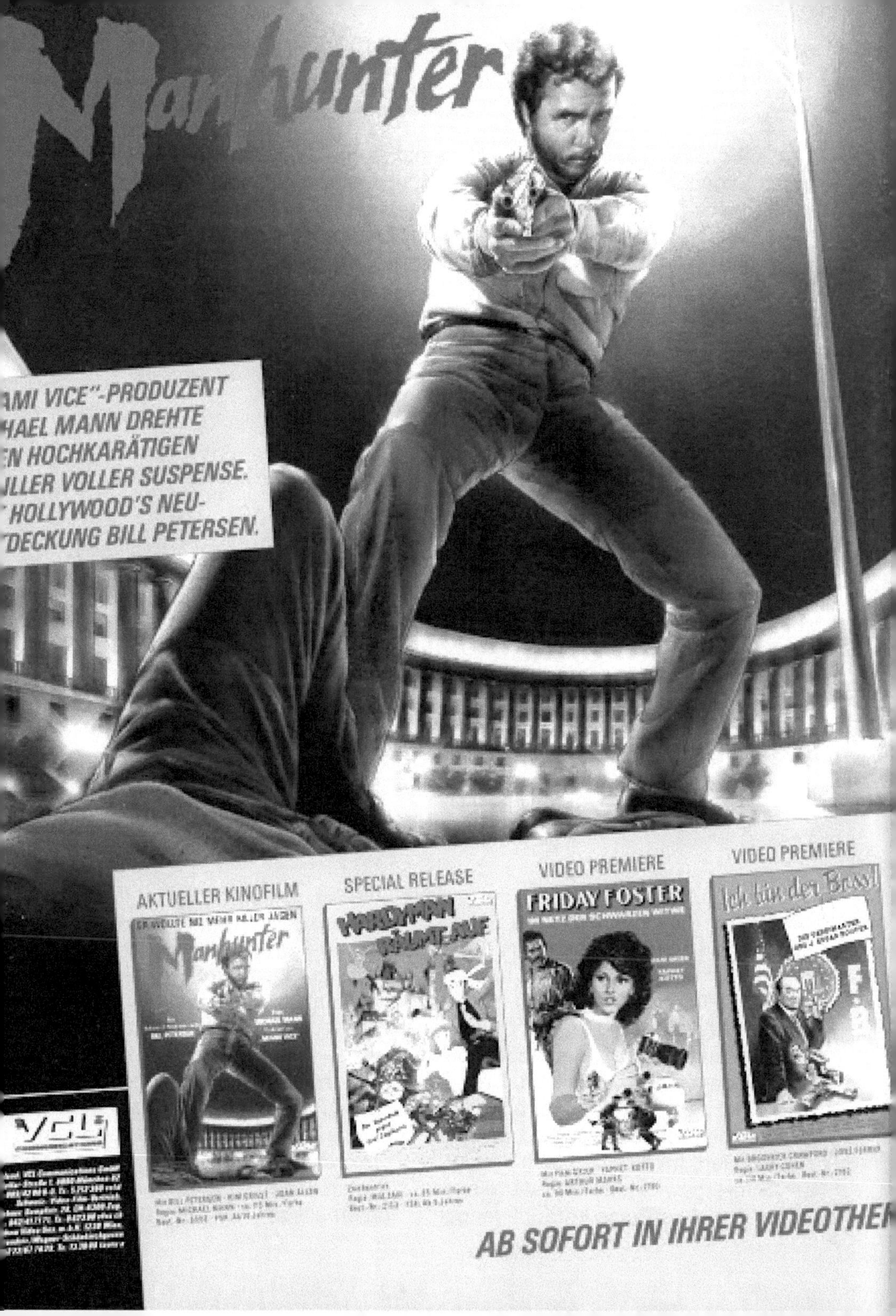

Manhunter
AMI VICE"-PRODUZENT
HAEL MANN DREHTE
EN HOCHKARÄTIGEN
ILLER VOLLER SUSPENSE.
HOLLYWOOD'S NEU-
DECKUNG BILL PETERSEN.
AKTUELLER KINOFILM
SPECIAL RELEASE
VIDEO PREMIERE
VIDEO PREMIERE
Manhunter
FRIDAY FOSTER
Ich bin der Boss!
VCL
AB SOFORT IN IHRER VIDEOTHEK

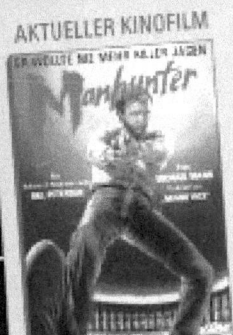

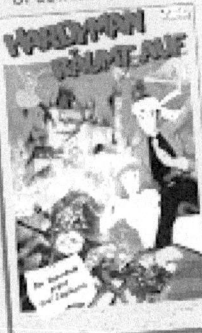

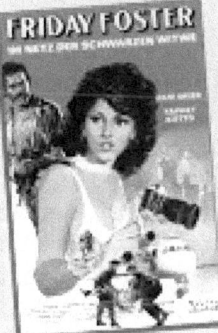

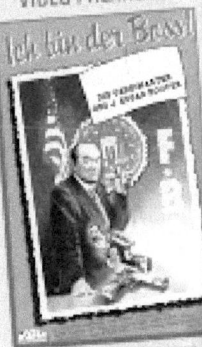

MAD JAKE (1990)

VON STEFAN BÖSE

Die Familie Evans bereist die Südstaaten, um die gehbehinderte Tochter an Schönheitswettbewerben teilnehmen zu lassen. Dabei verliebt sich der Redneck Jake in sie, der mit seinen debilen Söhnen einen schwunghaften Organhandel betreibt und die mit Infusionen am Leben gehaltenen Opfer im Stall wie Gemüse züchtet. Auch die Evans geraten in die Hände der Irren. Während die Tochter mit Rückenmark des zehnjährigen Sohnes "behandelt" wird, versucht der Vater zu fliehen und Hilfe zu holen...

„Mad Jake" (Originaltitel: Blood Salvage) ist ein Horror-Streifen aus dem Jahr 1990, der in Deutschland nur gekürzt auf VHS und DVD veröffentlicht wurde. Mittlerweile gibt es ihn Uncut im schicken limitierten Mediabook, mit verschiedenen Cover-Motiven. Der Film „Mad Jake" wurde unter anderem von dem Boxer Evander Holyfield mitfinanziert. Im gleichen Jahr wurde der Schwergewichtsweltmeister eines Ohres von Mike Tyson beraubt, jedoch ließ er es sich nicht nehmen, einen kleinen Gastauftritt im Film als Kirmesboxer zu absolvieren.

Der Film ist eine eigenartige Mischung aus Sadismus, Grausamkeit, Bizarr-witzigen Humor und Lächerlichkeit. Obwohl vieles abgekupfert aus anderen Filmen wirkt und wahrscheinlich beabsichtigt war, unter anderem „Texas Chainsaw Massacre" oder auch „Eaten Alive", ist er sympathisch und unterhaltsam.

Zudem wurde der Part der beliebten Redneck Klischees dem gradlinigen und recht simplen Plot beigemischt. Somit entstand ein kruder Mix aus verschiedenen Genres mit einer Prise Humor.

Mit Liebe zum Detail, lustigen Zeilen und Momenten, sowie guten Darstellern, kann „Mad Jake" durchaus punkten und sich gegenüber anderen B-Movies etwas hervorheben. Der Film hat wilde Verfolgungsjagden, wahnsinnige Alligatoren, einen Elvis und einen Schrottplatz-Chirurgen. Dies hört sich sehr aufregend und interessant an - jedoch ist der Streifen etwas Blutleer. Doch die Phantasie des Zuschauers wird vor allem bei den Scheunenszenen angeregt. Es ist zudem amüsant, wenn Jake die Opfer über ihre Gesundheit und Krankengeschichte ausfragt, bevor er sie auf dem Seziertisch auseinander nimmt. An dem Seziertisch sind kuriose Maschinen angeschlossen. Untermalt werden diese Szenen mit

Predigen aus dem Mund von Jake. Außerdem werden sie mit einem Halleluja gekrönt. Leider werden die Operationen nur angedeutet und nicht explizit gezeigt - ein wenig mehr Härte hätte dem Film sicher gut getan.

Zudem wirkt der Score oft zu hektisch und unpassend. Das vermiest dem Zuschauer gelegentlich ein paar Szenen und Einstellungen, sie bekommen dadurch einen eher nervigen „Touch". Auch wenn das Produzenten-Team John Saxon für den Film gewinnen konnte, hilft es diesem nicht, ihn über einen soliden Horror-Mix-Rip-Off hinaus zu katapultieren. Vor allem hat John Saxon einen recht kurzen Auftritt im Film – was schade ist, denn da hätte man sicherlich mehr draus machen können. Regisseur Trucker Johnston hat seinen Film aber fest im Griff, er bietet halt nur B - Kost. Gleichzeitig schrieb er auch das Drehbuch und produzierte diesen Streifen – wodurch er ein bisschen überfordert wirkte.

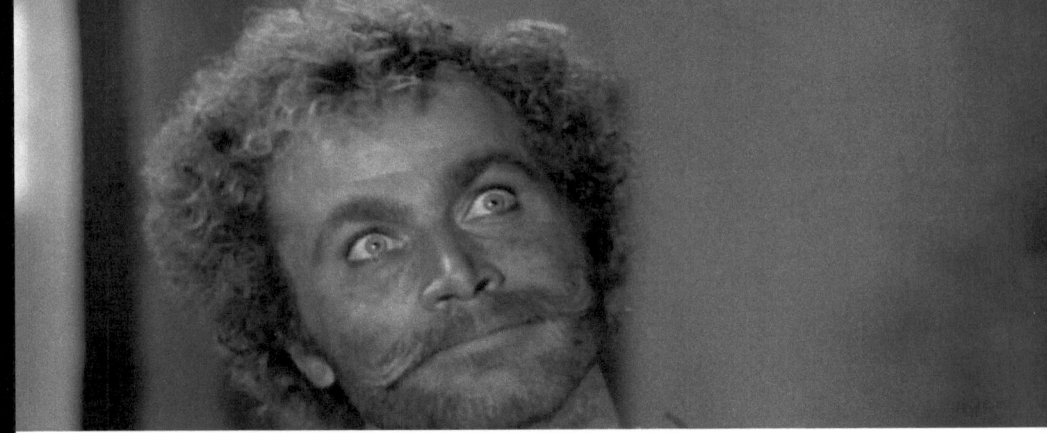

Im texanischen Paradise City wird Erdöl gefunden. Was eigentlich ein Segen für die Anwohner sein sollte, stellt sich jedoch schnell als regelrechte Plage heraus, denn der skrupellose Öl-Magnat Lamb (Martin Balsam) versucht mit allen Mitteln an das Land der ansässigen Farmer zu kommen. Als der widerspenstige Farmer Foster sich weigert Lamb sein Land zu verkaufen, lässt der ihn von seinen Männern umbringen. Allerdings hat Lamb die Rechnung ohne Zwiebel-Jack (Franco Nero) gemacht, der Fosters Grundstück zuvor erworben hat und seinen Namen seiner Vorliebe für rohe Zwiebeln verdankt. Als Zwiebel-Jack mit seinem sprechenden Pferd Archibald nach Paradise City kommt, um seine Farm zu beziehen, trifft er dort auf die Söhne des ermordeten Foster und verbündet sich mit ihnen gegen den tyrannischen Lamb und seine "Super Oil Company".

„Zwiebel – Jack räumt auf" - Ein Klamaukstreifen, der was ganz besonderes ist. Fangen wir mal mit dem Hauptdarsteller an: Franco Nero. Und dass in einer aberwitzigen überdrehten Western - Komödie. Kaum vorzustellen, wenn man bedenkt, das kurze Zeit später „Keoma" gedreht wurde, der als einer der besten Filme mit Franco Nero gilt - zumindest sehen es viele Kritiker so. „Zwiebel - Jack" ist ein Werk von Sergio Leone, der sich wohl mal komödiantisch austoben wollte. Man merkt dem Skript an, das sie Freude daran hatten. France Nero blüht förmlich auf und zeigt dem Zuschauer sein Talent als Schauspieler diesmal aus einer anderen Perspektive.

Kommen wir nun mal zu der Synchronstimme von „Zwiebel - Jack": Diese dürfte auch fast jedem sehr bekannt vorkommen, denn es ist die deutsche Stimme von Terence Hill. Auch agiert Nero typisch wie Hill im Film. Meistens geht „Zwiebel Jack" Slapstick, Albernheiten und platten Gags aus dem Weg und zündet lieber eine Kanone an Sprüchen und Aktionen, und das kurz hintereinander.

ZWIEBEL-JACK RÄUMT AUF (1975)

Die Drehbuchautoren haben sich eine Menge einfallen lassen und haben versucht, sehr viel in die Story einzubauen, was ihnen auch wunderbar gelungen ist. Lediglich der romantische Part in „Zwiebel – Jack" hemmt das ganze Geschehen etwas, aber das ist nur von kurzweiliger Dauer und man kann getrost darüber hinwegsehen! Mit „Zwiebel Jack" ist abseits von den bekannten Spencer / Hill Filmen eine der verrücktesten Italo-Western-Komödie entstanden. Die Schauspieler agieren in Höchstform, und der Soundtrack zu „Zwiebel - Jack" stammt von den ebenfalls sehr bekannten „Oliver Onions", die für unzählige Spencer / Hill Filmen ihre Musik spendierten.

Die Locations sind lebhaft und bieten viel Platz für Aktionen, Gags und Klamauk. Auch ein paar Spezi-aleffekte haben ihren Platz in „Zwiebel – Jack" gefunden. Ebenso wurden Elemente von Charlie Chaplin mit ins Programm genommen. Mehr wird nicht verraten, dann lieber ein eigenes Bild machen, um die Gags nicht zu zerstören. Die gute und ausgesprochene witzige Synchronisation tut ebenfalls ihr bestes, und verstärkt den Gesamteindruck von „Zwiebel – Jack" umso mehr.

Johnny Strabler ist der Anführer der kleinkriminellen Motorradgang Black Rebel Motorcycle Club. Die Jugendlichen fahren von Ort zu Ort, stiften Unruhe, zetteln Prügeleien an und flirten mit Mädchen. Eines davon ist die süsse Kathie , Kellnerin in einem Café und Tochter eines Polizisten. Doch bevor Johnny richtig anbandeln kann, geraten er und seine Kumpels in einen Konflikt mit der rivalisierenden Gang der Beetles und der Polizei. Die Luft für die Motorradgang wird nun dünn in der Stadt und es scheint geraten sie zu verlassen, doch Johnny hat sich nun endgültig in Kathie verguckt.

DER WILDE (1953)

VON STEFAN BÖSE

DER WILDE aus dem Jahr 1953 ist ein Drama was sich mit der Rebellion der Jugend gegen das Gesetz, Gesellschaft widmet. Gutes Benehmen, Höflichkeiten werden ignoriert und die Biker-Bewegung bekam immer mehr Zuwachs und Anhänger. Man nahm sich das was man wollte, redete wie einem der Mund gewachsen war und vieles mehr.

Hochkarätig besetzt mit Marlon Brando der zur Zeit des Drehs knappe 30 Jahre alt war. Smart, leicht durchtrainiert mit prächtiger Haarpracht, in engen Jeans, Lederjacke und einer damals typischen Kopfbedeckung in den 50s der Biker. Zu erwähnen sei das in Amerika erst eine Helmpflicht für Motorradfahrer herrscht wenn man eine bestimmte Geschwindigkeit überschreitet. Marlon Brando mimt hier in DER WILDE den Anführer Johnny Strabbler, der mit seiner Motorrad-Gang BRMC (Black Rebel Motorcycle Club) durchs Land streift. Brando stand noch am Anfang seiner Karriere, unvergessen bleibt seine Rolle als Don Corleone in der Mafia-Film-Reihe DER PATE.

In einer weiteren Rolle als Chino taucht der damals junge Lee Marvin auf. Unvergessen sind seine Filme wie LAWINENEXPRESS (1979), YUKON (1981) und GORKY PARK (1983). Hier in DER WILDE als rebellischer Biker, der zuvor zur Gruppe von Johnny zählte, aber aufgrund verschiedener Ansichten den Club verließ und einige Mitglieder mit zu sich nahm.

Der Film DER WILDE sorgte damals in den Kinos für Aufsehen. Das Publikum war noch fremd mit rebellischen Akteuren, Jeans waren noch nicht in der Gesellschaft als akzeptiertes Kleidungsstück angekommen und Motorradfahrer galten oft als Verbrecher und Gauner. Im Film geht es nicht um die ungezügelte Gewalt sondern eher eine Kritik an die Sozialen Komponenten in der Nachkriegszeit. Die seinerzeit bekannte Moral und Zensur in Hollywood wurde auf filmische Art und Weise die Stirn geboten. Damit war das Publikum und die Gesellschaft wenig zu bereit und somit sorgte der Film für negative Kritiken.

Auch wenn der Film bereits knapp 70 Jahre auf dem Buckel hat, so hat er nichts von seiner Qualität und Emotionalität eingebüßt. Immer noch sehr ausdrucksstark und unterhaltsam. Man sollte auch nicht außer Acht lassen das zur damaligen Zeit die technischen Möglichkeiten sehr begrenzt waren. Dies merkt man vor allem an dem Setting was sich schnell als Pappe- und Holzkulisse entpuppt, sowie die Motorradfahrten vor einer Leinwand wo man im Hintergrund einen anderen Film abspielte. Lässt man diese Punkte etwas außer Acht bekommt man ein sehr bewegendes und emotionales Drama spendiert - vor allem mit zwei Hollywood-Größen die noch am Anfang ihrer Karriere standen.

DER WILDE ist auf DVD und Bluray im Handel erhältlich. Eine VHS Veröffentlichung gab es nicht, er wurde in Deutschland lediglich im Kino gezeigt.

CRASH (1996)

VON STEFAN BÖSE

Der monotone Alltag des Filmproduzenten James Ballard und seiner Frau Catherine hat nur wenig Abwechslung in einer grauen, anonymen Großstadt. Ein Autounfall ändert alles. Quietschende Reifen, zersplittertes Glas und der Knall des Metalls bringen in Ballards Leben neue intensive Gefühle. Das kühle Metall und die Kraft der Maschine werden zur sinnlichen Erfahrung, das Auto wird zur erotischen Leidenschaft. Auch die Fahrerin des anderen Autos, Dr. Helen Remington, spürt seit ihrer Karambolage das selbe...

Er dürfte zu den bizarrsten Filmen von David Cronenberg gehören CRASH aus dem Jahr 1996. Cronenberg ist bekannt für seine verstörenden, surrealen Meisterwerke. Man denke da nur an VIDEODROME, SCANNERS oder NAKED LUNCH. Der kanadische Regisseur ist bei CRASH wieder voll in seinem Element und liefert einen sehr gewagten und provokativen Film ab. Dieses Mal mit dem Thema Sexuelle Grenzüberschreitung, Schmerz, Lust, Gewalt und körperliche Deformierung.

CRASH basiert auf einem Roman von J.G. Ballard aus dem Jahr 1973. Schon damals sagte man Ballard nach das er nicht mehr zu retten sei und geistig nicht auf der Höhe der Gesellschaft sei. Die stark von Autassassinophilie (sexuelle Erregung durch todesnahe Zustände) geprägte Story ging vielen Lesern, Kritikern und Rezipienten seinerzeit einfach zu weit. Das hielt jedoch David Cronenberg nicht davon ab den Roman filmisch umzusetzen. 1996 sah das anders aus – zumindest was das Buch anging. Denn mittlerweile genoss Ballards Roman Anerkennung für seine konfrontative Auseinandersetzung mit dem Thema – mithin also ein Stoff, der wie geschaffen war für David Cronenberg.

Die Sexszenen sind, wie bei diesem Thema nicht anders zu erwarten, ziemlich gewagt ausgefallen. Das zog natürlich ernste Probleme mit der Zensur nach sich. In England wurde der Film verboten, weil er Jugendliche verderben und schädigen („deprave and corrupt") könne, wie ein Gericht befand.
Die Inszenierung ist konsequent düster, die Bilder unnatürlich klinisch und steril. Damit wollte der Regisseur wohl eine visuelle Ausdrucksform für die emotionale Leere seiner Figuren finden. Zur gelungenen Atmosphäre des Films steuert auch der exzellente Soundtrack bei.

Vergessen war gestern, wir sprechen darüber!

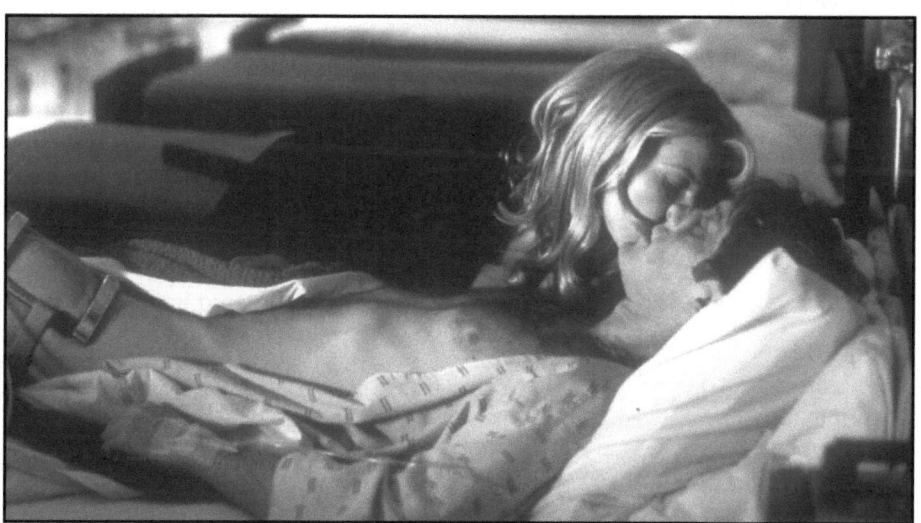

Ein Film, der während und nach dem Sehen zum nachdenken anregt, aber ähnlich wie bei David Lynch gibt es auch hier nicht die *eine* Antwort auf die Frage über die Aussage des Films.
Und der Regisseur machte daraus vielleicht einen seiner besten Filme.
Selbst wenn das Gezeigte aus heutiger Sicht so kontrovers gar nicht mehr ausschaut, weil die Gesellschaft entweder schon alles gesehen hat oder aber zumindest weiß, dass sie es könnte, wenn sie wollte.

CRASH zeigt dem Zuschauer die Abstumpfung durch den „größer, schneller, weiter" Wahn der heutigen Gesellschaft. CRASH ist kein einfacher Film, man könnte ihn als eine Art Theater-Stück in drei Akten definieren. Die Einleitung mit dem abgleiten in die Crash-Szene, einem Mittelteil der die perversen Fantasien auslebt und der Schluss ein tragisches Ende.

Der Film wirkt kühl, kaum Spannungsaufbau - die Kamera hält zu Anfang des Films recht deutlich drauf aufs Geschehen und zieht sich im weiteren Verlauf Stück für Stück zurück. Alle Schauspieler agieren ihren Rollen entsprechend kühl, distanziert, Gefühle werden nur beim erleben der Perversion präsent. Dies passt zum Grundstoff des Romans.

Turbine Medien spendierte vor kurzem dem Film CRASH ein schickes Mediabook. Nun ist er auch in der Soft-Box erschienen und ist ebenfalls mit viel Bonusmaterial ausgestattet worden. Blu-ray-Disc und UHD mit 4K-Abtastung vom original Kamera-Negativ unter der Aufsicht von David Cronenberg und DoP Pete Suschitzky.

Für Fans von David Cronenberg ist CRASH sicherlich empfehlenswert, wer jedoch mit Filmen die in einer surrealen Welt spielen nichts anfangen kann, wird sich recht schnell langweilen und die Lust am Film verlieren. CRASH ist kühl, provokant, metallisch und verstörend zugleich. Dabei spiegelt er nur die heutige Gesellschaft in vielen Punkten wieder. Man kann wieder sagen das ein Regisseur und Roman-Schreiber ihrer Zeit weit voraus waren.

Rob Greene ist ein Top-Agent der CIA. Er entdeckt plötzlich Sabotage und Verrat in den eigenen Reihen. Was einigen natürlich nicht gefällt und man ihn somit aus dem Weg haben will. Die „Hangmen" werden a ihn gehetzt um ihn auszuschalten. Greene schickt seinem 16 jährigen Sohn Danny via Computer einen Hilferuf. Nun ist es an ihm, seinem Vater zu helfen. Doch die Hangmen sind auch schon hinter ihm her un hinterlassen eine blutige Spur...

Schon damals, zur Videotheken-Ära, bin ich auf HANGMEN aufmerksam geworden: Das Deutsche VHS Motiv, mit den Männern in Licht und Nebel gehaucht, mit ausgestreckten Armen nach oben, männlich dominant mit einer Schusswaffe. Doch irgendwie sollte es nie klappen: Entweder war die VHS gerade verliehen, oder ich hatte den Film nicht mehr auf dem Schirm. Doch nun, nach etlichen Jahren, steht die VHS hier und die erste Sichtung musste sobald folgen.

Ein Action-Thriller mit Machenschaften von der CIA und den hiesigen Politikern. Ein oft genutztes Strickmuster aus Hollywood, oft erfolgreich, aber

auch genauso oft ein totaler Reinfall. Was würde mich wohl bei HANGMEN erwarten?

Recht schnell wird dem Zuschauer bewusst, das es sich hier um einen Actioner handelt, wo ordentlich geballert wird. Sei es mit einer Uzi, oder auch mit dem berühmten Sturmgewehr der US Army. Natürlich sind auch andere Todesbringer an Bord, und es fliegen auch ordentlich die Fetzen. Explosionen sind wie die Shootouts förmlich an der Tagesordnung. Doch was dem Action-Freund eine Freude ist, ist dem Thriller-Fan ein Dorn im Auge. Und genau da liegt das Problem des Films!

VON STEFAN BÖSE

Die Charaktere sind recht einfallslos, blass, und zeigen keine Tiefe. Alle wirken extrem darauf konzentriert, wann sie denn endlich wieder ballern dürfen. Die Machenschaften der Politiker mit der Staatssicherheit und der CIA wirken zudem auch recht harmlos und teilweise wirr erzählt. Die Story, und die dazugehörige Portion Dramatik in HANGMEN wurde fast völlig außer Acht gelassen. Das ist sehr schade, denn er ist hart, brutal und düster - da wären die Ansetzpunkte der Dramatik genau richtig, um die Atmosphäre noch dichter zu drängen.

Noch ein kleiner Lichtblick ist die Schauspielerin Sandra Bullock, die hier zwar nur eine kleine Rolle spielt, mit ein paar Sätzen aber wie gewohnt saubere Arbeit abliefert. Doch auch Talent kann eine Leere im Plot nicht retten, und somit bleibt ihr das Schicksal einer austauschbaren Rolle nicht erspart.

Bislang ist HANGMEN in Deutschland

ein ONLY VHS Kandidat, und befindet sich seit 2013 auf der Indizierungsliste A, aufgrund einer sogenannten Folgeindizierung. Noch im selben Entstehungsjahr von HANGMEN wurde auch die Fortsetzung HANGMEN 2 - THE MISSION produziert.

Ich bin nun froh, das ich die Sichtung des Films vollzogen habe, auch wenn die Ernüchterung danach recht enttäuschend war. Ein B-Movie Actioner mit viel Action, aber kaum Verstand und Logik. Einmal anschauen reicht hier vollkommen aus.

PUNK VACATION (1990)

Ferien auf Punker Art, dass heißt:
VERGEWALTIGUNG, MORD,TERROR !
Die Opfer sind Sally, ein 15jähriges Mädchen und ihr Vater. Das Leid und die Erniedrigung, die den beiden von Billy und Ramrod, den Anführern der Bande, zugefügt werden, ist kaum mit Worten zu beschreiben. Billy wird geschnappt, und die Mobilmachung der Punkerszene beginnt!

Lisa, Sallys Schwester, und ihr Freund Reed, ein Polizist, gehen eigene Wege, um dem Spuk ein Ende zu bereiten. Wege, die nicht legal sind!
Eine Kleinstadt setzt sich zur Wehr. Ein Krieg bricht aus. Und wie in jedem Krieg, weiß niemand, wer der Sieger sein wird ...

Der Regisseur Stanley Lewis inszenierte 1990 den Action-Drama-Thriller PUNK VACATION. Es war sein erster und auch letzter Beitrag als Regisseur. Gründe dafür sind nicht bekannt, aber nach Sichtung des Films habe ich da eine Vermutung: Man merkt recht schnell, das Stanley keinerlei Erfahrung hatte, und das er von der Thematik der Punks null Ahnung hatte. Punk sein ist keine saisonale Angelegenheit, sondern eine Lebenseinstellung. Die stilistischen Mittel von Rockern wie Lederjacken, Handschuhe und Biker-Stiefeln, wurden hier einfach den Punks zum Anziehen gegeben. Dazu leichte wirr aussehende Frisuren und buntes Makeup der Damen Made in „The 80s".

Recht schnell merkt man dem Film an, das er nicht so weiß, in welche Schublade er gehört. Ein Mix aus Action, Drama und Thriller, gewürzt mit Selbstjustiz. Ein wirrer Mix, der sich ständig im Filmverlauf abwechselt und für etwas Ernüchterung beim Zuschauer sorgt. PUNK VACATION kann man bestenfalls als mittelmäßige Rache-Geschichte bezeichnen. Die Gewalt-Darstellung ist recht überschaubar, und sorgt nicht sonderlich für Aufsehen und Erregung beim Zuschauer. Gewalttaten werden entweder nur angedeutet, oder tauchen erst gar nicht auf. Für ein leichtes schmunzeln sorgen teilweise die dümmlich wirkenden Dialoge mancher Charaktere, wie zum Beispiel

„Dieses Gang-Zeug geht nirgendwo hin. Vielleicht sollten wir zur Stewardess-Schule gehen oder so. "

Vergessen war gestern, wir sprechen darüber!

Die Story ist recht simpel gestrickt und in einem flotten Tempo inszeniert worden. Einige bekannte Zutaten aus anderen Produktionen fanden hier erneut ihren Einsatz. Viele Anleihen an das Biker-Genre der 60er wurden hier einfach auf die Punks übertragen. Dass Punks mittlerweile Motorrad fahren, und so für Unruhe sorgen, ist mir recht neu. Anstatt die Punks als nihilistische Psychopathen darzustellen, verbringt der Film mehr Zeit damit, ihre Charaktere und Standpunkte zu beschreiben. Nett anzusehen sind die zahlreichen bekannten Gesichter, die man aus vielen anderen Produktionen im „Low Budget" Sektor kennt. Man kennt sie vielleicht nicht beim Namen, aber ihre Gesichter sind deutlich wiederzuerkennen.

Die Rollenverteilung in Sachen Gut gegen Böse ist klar definiert, jedoch wandelt sich das Blatt im späteren Verlauf, und die Punks werden im letzten Akt als Helden interpretiert, da sie sich nur gegen die aufgebrachten Dorfbewohner wehren müssen, die Jagd auf sie machen. Der Sheriff des Ortes behält klar seine gute Position und beugt sich dem Rachefeldzug der Dorfbewohner.

Bislang ist PUNK VACATION in Deutschland leider nur ein ONLY VHS Kandidat. In den USA ist er aber schon vor drei Jahren neu abgetastet worden und mit zahlreichem Bonusmaterial auf Blu-ray erschienen. Die deutschen VHS Versionen sind allesamt ungeschnitten, was mich nicht sonderlich wundert, da die Gewalt-Darstellung sich doch sehr bedeckt hält.

PUNK VACATION ist recht unterhaltsam und amüsant. Kein Reißer im Genre der Selbstjustiz und Rachethriller, aber solide inszeniert.

Vergessen war gestern, wir sprechen darüber!

WEHRLOS (1991)

VON STEFAN BÖSI

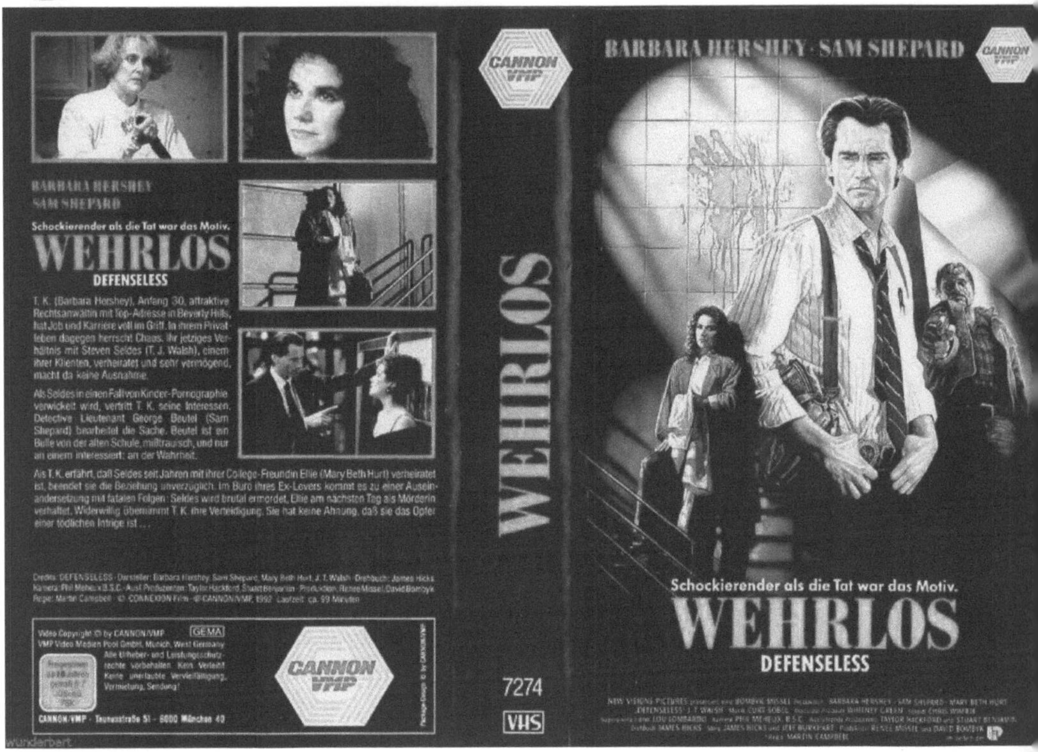

Die Rechtsanwältin T.K. Katwuller unterhält eine Affäre mit ihrem Klienten Steve Seldes, der verdächtigt wird, einem Kinder-Porno-Ring anzugehören. Schockiert erfährt T.K. zunächst, dass Steve mit ihrer alten Schulkameradin Ellie verheiratet ist. Als sie Steve in seinem Büro zur Rede stellen will, erkennt sie, dass er wirklich Kinderpornos herstellt. Kurz darauf ist Steve Seldes tot. Ehefrau Ellie wird verdächtigt, T.K. übernimmt ihre Verteidigung. Nach anfänglichem Leugnen, gesteht Ellie ihre Schuld ein. T.K. glaubt, dass sie ihre minderjährige Tochter Janna decken will, die von ihrem Vater für seine schmutzigen Geschäfte missbraucht wurde. Nach ihrem Freispruch vor Gericht entpuppt sich die gedemütigte Ellie doch als Täterin.

Nicht erst durch heutige Vorkommnisse in der Welt ist WEHRLOS (im Original: DEFENSELESS) von 1991 ein zeitloser Thriller. Er behandelt das Thema Kinderpornographie und verpackt es in einem soliden Thriller mit prominenter Besetzung.

Bevor Filme wie FLUCHT AUS ABSOLOM (1994) und GOLDENEYE (1995) von Martin Campbell gedreht wurden, war er unter anderem für DER FRAUENMÖRDER (1988) mit Kevin Bacon und HEXENJAGD IN L.A. (1991) tätig. Im selbigen Jahr drehte er WEHRLOS mit Barbara Hershey und Sam Shepard in den Hauptrollen.

Barbara Hershey übernahm die Rolle der Heldin. Zuerst glaubt sie an die Unschuld ihres Mandanten, zweifelte jedoch nach immer mehr auftauchenden Aspekten und Vorwürfen.

Hinzu kam, das die Affäre mit ihrem Klienten ungeahnte Formen annahm. Es stellte sich heraus, das ihre beste Freundin seine Ehefrau war. Somit tauchten immer mehr Verstrickungen und Handlungsplots auf, die sich gekonnt ineinander vermischen. Wäre da

nicht Detective Beutel, gespielt von Sam Shepard: Er ist ein Spürhund und ahnt, das T.K. (Hershey) mehr weiß, als sie gegenüber der Polizei zugeben kann und möchte. Somit muss sich T.K. nicht nur ihren Ängsten stellen, sondern auch Detective Beutel so einiges erklären. Sie verstrickt sich immer mehr in ihren Erzählungen. Was geschah wirklich in der Mord-Nacht? Wer war anwesend? Wer ist der Mörder? Fragen über Fragen, die im weiteren Verlauf des Films so einige Wendungen und Überraschungen parat haben.

WEHRLOS ist ein routinierter, solider Thriller mit einem pikanten Thema. Jedoch dient das Grundgerüst der Kinderpornographie nur als Aufhänger und findet im späteren Verlauf keinen großen Nennenspunkt. Die brisanten Aspekte hätte man etwas mehr ausbauen können, um dem Film WEHRLOS mehr Dramatik zuzuspielen. Das Tempo des Films pendelt sich zwischen langatmig und schnell ein, mal mehr - mal weniger. Gewalt-Technisch bekommt man am Anfang und am Ende des Films so einiges geboten, nicht übertrieben aber passend zu den jeweiligen Handlungsplots abgestimmt.

Wer sich gerne mal ein Frühwerk von Martin Campbell anschauen möchte, und auch mal einen Thriller abseits des Mainstreams widmen möchte, dem kann man diesen Film nur empfehlen!

PREMIERE
IM OKTOBER

STAR 80

MARIEL HEMINGWAY als Playmate des Jahres 1980. Die authentische Geschichte einer großen Karriere, die verhängnisvoll endet.

Best.-Nr.: 70013
FSK freigegeben ab 16 Jahren

SPUR DER GEWALT

Zwei Bullen räumen auf

Best.-Nr.: 99365 · FSK freigegeben ab 16 Jahren

WARNER HOME VIDEO

Warner. Ganz, ganz großes Kino. Filmhits für Ihr Videoprogramm.

SUPER

Wenn du wirklich abhauen willst, dann wirst du sie finden, die Frau, die dich liebt und die letzte Tankstelle vor dem Paradies.

Best.-Nr.: 95013
FSK freigegeben ab 16 Jahren

BARRY LYNDON

Aufstieg und Fall eines Abenteurers
Best.-Nr.: 61178 · FSK freigegeben ab 12 Jahren

CHARLIE CHAN & DER FLUCH DER DRACHENKÖNIGIN

Das Haus der mysteriösen Morde
Best.-Nr.: 99383 · FSK freigegeben ab 12 Jahren

THEATER DES GRAUENS

Der absolute Nervenkitzel – ein makabrer Schauerspaß
Best.-Nr.: 99261 · FSK freigegeben ab 16 Jahren

TAG DER ABRECHNUNG

Er kann nur einem trauen – sich selbst
Best.-Nr.: 61798 · FSK freigegeben ab 16 Jahren

 WARNER HOME VIDEO

Impressum:

Herausgeber:
Stefan Böse

Impressum:
© 2019
Herstellung und Verlag: BoD – Books on Demand, Norderstedt.
ISBN: 9783755748267

Autoren:
Stefan Böse
Kristijan Skrobo

Lektorat: Adrian Monecke

BESUCHT UNS DOCH AUF FACEBOOK UNTER:
WWW.FACEBOOK.COM/RETROFILMBLOG

VHS
NEVER FORGET

Bild-Quellen der Screenshots:

Born to Win - In der Hölle des Dschungels - Blu-ray: Cinestrange Extreme
23 - Blu-ray Disc: Turbine Medien
Zehn Gelbe Fäuste für die Rache - Blu-ray: Koch Films
Shadowchaser - Blu-ray: DigiDreams
Die Blechpiraten - DVD: Concorde
Powerplay - Blu-ray: NSM Records
Prince of the City - DVD: Warner
Contaminator - Blu-ray: Cinestrange Extreme
Der Kickboxer - Blu-ray: Studiocanal
Der heisse Tod - DVD: Pidax Film
The Banker - Blu-ray: Retro Gold 63
Jahrmarkt - TV: Pay-TV
Twister - Blu-ray: Turbine Medien
Sundown - DVD: epiX
Mad Jake - Blu-ray: AVV
Zwiebel Jack - Blu-ray: Koch Media
Der Wilde - DVD: Sony
Crash - Blu-ray: Turbine Medien
Hangmen - VHS: Warner
Punk Vacation - Blu-ray: Vinegar Syndrome
Wehrlos - Blu-ray: DigiDreams

Informationsquellen:
www.retro-film.de
www.wikipedia.de
www.schnittberichte.com
www.ofdb.de
www.imdb.com
www.amazon.de
www.themoviedb.org
www.video-freaks.de